认罪认罚案件量刑建议权规制研究

刘茵琪 著

中国社会科学出版社

图书在版编目（CIP）数据

认罪认罚案件量刑建议权规制研究 / 刘茵琪著. —北京：中国社会科学出版社，2023.8
ISBN 978 - 7 - 5227 - 2388 - 4

Ⅰ.①认… Ⅱ.①刘… Ⅲ.①刑事诉讼—量刑—研究—中国 Ⅳ.①D925.210.4

中国国家版本馆 CIP 数据核字（2023）第 143874 号

出 版 人	赵剑英
责任编辑	许　琳
责任校对	李　硕
责任印制	郝美娜

出　　版	中国社会科学出版社
社　　址	北京鼓楼西大街甲 158 号
邮　　编	100720
网　　址	http://www.csspw.cn
发 行 部	010 - 84083685
门 市 部	010 - 84029450
经　　销	新华书店及其他书店

印　　刷	北京君升印刷有限公司
装　　订	廊坊市广阳区广增装订厂
版　　次	2023 年 8 月第 1 版
印　　次	2023 年 8 月第 1 次印刷

开　　本	710×1000　1/16
印　　张	12
插　　页	2
字　　数	210 千字
定　　价	68.00 元

凡购买中国社会科学出版社图书，如有质量问题请与本社营销中心联系调换
电话：010 - 84083683
版权所有　侵权必究

目　　录

绪　论 ·· 1
 第一节　选题的背景和意义 ······················ 1
  一　选题的背景 ································· 1
  二　选题的意义 ································· 4
 第二节　研究综述 ····································· 5
 第三节　文章框架 ····································· 12
 第四节　研究方法 ····································· 16

第一章　认罪认罚案件量刑建议权的新型样态 ·············· 18
 第一节　认罪认罚案件量刑建议权的产生背景 ············ 19
 第二节　认罪认罚案件量刑建议权的规范构造 ············ 22
  一　量刑建议提出方式的精准化 ··············· 22
  二　量刑建议表现形式的书面化 ··············· 25
  三　量刑建议适用效力的实质化 ··············· 26
 第三节　认罪认罚案件量刑建议权的演变逻辑 ············ 29
  一　量刑建议权的扩张实质 ······················ 30
  二　量刑建议权的变革风险 ······················ 34
 第四节　认罪认罚案件量刑建议权的规制意义 ············ 37
  一　实体规制意义 ································· 37

二　程序规制意义 ………………………………………… 39
　　小结 ……………………………………………………… 40

第二章　实体规制（一）：认罪认罚作为独立量刑情节的理论证成 ………………………………………… 41

第一节　认罪认罚作为独立量刑情节的内在根据 ………… 42
　　一　"认罪认罚"情节独立的法律根据 ………………… 43
　　二　"认罪认罚"情节独立的理论根据 ………………… 44
　　三　"认罪认罚"情节独立的效果根据 ………………… 45

第二节　认罪认罚与相似量刑情节的关系 ………………… 46
　　一　现有观点评析 ………………………………………… 47
　　二　情节关系展开 ………………………………………… 49
　　三　情节交叉实质 ………………………………………… 52

第三节　认罪认罚与相似量刑情节的评价 ………………… 53
　　一　评价原则 ……………………………………………… 53
　　二　评价方法 ……………………………………………… 55
　　小结 ……………………………………………………… 57

第三章　实体规制（二）：认罪认罚案件量刑建议的从宽限度 ………………………………………………… 59

第一节　量刑建议"从宽限度"的范围限定 ……………… 59
　　一　研究视域：量刑建议的"最高限度" ……………… 59
　　二　实证对象：故意伤害案件 …………………………… 62

第二节　"限缩式从宽"的实践及悖论 …………………… 65
　　一　"限缩式从宽"的实践样态 ………………………… 65
　　二　"限缩式从宽"的逻辑悖论 ………………………… 69

第三节　"扩张式从宽"的现状及难题 …………………… 72

一　"扩张式从宽"的实践呈现 …………………………… 72
　　二　"扩张式从宽"的运作难题 …………………………… 75
　第四节　量刑建议"从宽限度"的重塑 …………………………… 80
　　一　量刑建议"从宽限度"的基本立场 …………………… 80
　　二　量刑建议"从宽限度"的路径选择 …………………… 83
　　小结 ………………………………………………………………… 89

第四章　程序规制（一）：认罪认罚案件量刑建议的协商机制 ……………………………………………………… 91

　第一节　认罪认罚案件量刑建议协商机制的现实意义 ………… 92
　　一　量刑建议协商机制的必要性 …………………………… 92
　　二　量刑建议协商机制的可行性 …………………………… 94
　第二节　"单方决断式"量刑建议形成机制的困境 …………… 96
　　一　检察机关对量刑建议协商过程的强势主导 …………… 96
　　二　被追诉方对量刑建议协商过程的被动参与 ………… 103
　第三节　"平等对话式"量刑建议协商机制的建构 …………… 109
　　一　量刑建议协商机制的立场选择 ……………………… 109
　　二　量刑建议协商机制的完善路径 ……………………… 112
　　小结 ……………………………………………………………… 125

第五章　程序规制（二）：认罪认罚案件量刑建议的审查机制 ……………………………………………………… 127

　第一节　认罪认罚案件量刑建议审查机制的正当性 ………… 129
　　一　促进认罪认罚案件实体公正 ………………………… 129
　　二　巩固"以审判为中心"实践成果 …………………… 131
　　三　契合刑事诉讼效率化改革目标 ……………………… 132
　第二节　认罪认罚案件量刑建议审查机制的实践缺位 ……… 133

  一　审理程序中法院对量刑建议的审查失范 ………… 133
  二　二审程序中法院对量刑建议的审查乏力 ………… 141
 第三节　认罪认罚案件量刑建议审查缺位的原因剖析 ……… 146
  一　审查缺位的机制性原因 ………………………… 146
  二　审查缺位的根本性原因 ………………………… 150
 第四节　认罪认罚案件量刑建议审查机制的建构路径 ……… 152
  一　审理程序中法院对量刑建议的审查 …………… 153
  二　二审程序中法院对量刑建议的审查 …………… 160
  小结 ……………………………………………………… 163

参考文献 ……………………………………………………… 164

后　记 ………………………………………………………… 184

绪　　论

第一节　选题的背景和意义

一　选题的背景

2014年10月，党的十八届四中全会通过的《中共中央关于全面推进依法治国若干重大问题的决定》（以下简称《决定》）明确指出，"完善刑事诉讼中认罪认罚从宽制度"。随后，全国人民代表大会常务委员会《关于授权最高人民法院、最高人民检察院在部分地区开展刑事案件认罪认罚从宽制度试点工作的决定》（以下简称《试点决定》）及"两高三部"《关于在部分地区开展刑事案件认罪认罚从宽制度试点工作的办法》（以下简称《试点办法》）相继出台，揭开了认罪认罚从宽制度试点工作的帷幕。经过两年的试点改革，2018年10月，第十三届全国人民代表大会常务委员会通过了《关于修改〈中华人民共和国刑事诉讼法〉的决定》，正式将认罪认罚从宽制度纳入《刑事诉讼法》的规制范畴。尔后，"两高三部"于2019年10月发布《关于适用认罪认罚从宽制度的指导意见》（以下简称《指导意见》），最高人民检察院于2021年12月印发《人民检察院办理认罪认罚案件开展量刑建议工作的指导意见》（以下简称《量刑建议指导意见》），对认罪认罚从宽制度的具体适用予以进一步细化规定。建立并完善刑事诉讼中的认罪认罚从宽制度，充分贯彻了党的二十大提出的新时代中国特色社会主义法治建设思想，是落实党中央关于"深化司法体制综合配套改革""在法治轨道上全面建设社会主义现代化国家"的重要举措。

2018年《刑事诉讼法》在将认罪认罚从宽确立为刑事诉讼法的一项基本原则和具体制度的同时，一方面，明确了检察机关在认罪认罚从宽制度适用中的主导性地位。总的来看，检察机关不仅是刑事诉讼程序的上传下达者，也是案件处理结果的实质影响者。对于认罪认罚案件，检察机关发挥主导作用、承担主导责任。具体而言，认罪认罚案件中检察机关的主导性地位主要体现为，"检察机关是案件拟处理意见与辩方的协商者""检察机关是案件处理的实质影响者""检察机关是案件作特殊处理的核准者"。① 另一方面，明确了量刑建议在推动认罪认罚案件中检察机关发挥主导作用的"基石"功能。与普通刑事案件不同，认罪认罚案件中的量刑建议承载着极其重要的制度功能。检察机关的量刑建议犹如一条贯穿认罪认罚从宽制度的红线：一端联结着被追诉人的认罪认罚具结书，另一端关系着人民法院的刑罚裁判。在制度设计上，就控辩关系而言，量刑建议反映的是控辩双方的量刑共识；就控审关系而言，量刑建议则体现了控辩合意对刑法裁判的实质影响。② 由此观之，量刑建议权的合理施行对于检察机关主导作用的正确发挥乃至认罪认罚从宽制度的长效运行具有至关重要的影响。

从认罪认罚从宽制度的理论推进来看，检察机关量刑建议权的变革背后存在着一系列的理论难题。一方面，由于量刑建议权既涉及刑事实体法问题，又涉及刑事程序法问题，而现代刑事实

---

① 朱孝清：《检察机关在认罪认罚从宽制度中的地位和作用》，《检察日报》2019年5月13日第3版。
② 参见吴宏耀《凝聚控辩审共识 优化量刑建议质量》，《检察日报》2019年6月10日第3版。

体法与刑事程序法的基本理念、基本原则、具体规则之间存在着诸多冲突，因此，如何有效协调刑事实体法理念与刑事程序法理念间的冲突，以共同促成公正、合理的认罪认罚案件量刑建议的作出，是应当重点关注的理论问题。另一方面，从"审问式"诉讼到"对抗式"诉讼，再由"对抗式"诉讼到"合作式"诉讼，刑事诉讼模式的变化不仅直接带来了具体制度的变更，也间接导致了量刑建议制度与现代刑事诉讼基本理念、基本原则、相应制度之间的冲突。譬如，在认罪认罚案件中，如何处理好量刑协商制度与职权主义理念之间的关系，如何协调好量刑建议实质化与"审判中心主义"诉讼理念之间的关系等，是值得深思的理论问题。

从认罪认罚从宽制度的改革实践来看，检察机关量刑建议权的实施过程中存在着一系列的实践问题。由于缺乏实体规则的引导与程序法则的规制，检察机关量刑建议自由裁量空间过大、检察机关在量刑协商环节处于绝对优势地位、检察机关所作量刑建议对审判结果具有决定性影响等现实问题日益凸显，检察机关一方独大的局面逐渐形成。相应地，检察机关在认罪认罚从宽制度适用中的作用逐步由"主导性"异化为"决定性"。然而，由于检察机关单方作出的量刑建议具有提出主体不中立、量刑信息不完整等先天缺陷，以及认罪认罚量刑情节内涵模糊、从宽量刑建议结果标准不明等后天不足，故人民法院仅凭检察机关单方所提量刑建议作出最终刑罚裁判的做法，不足以保证认罪认罚案件刑罚裁量的公正与合理，且难以保障认罪认罚的被追诉人对公正量刑结果的合理期待，并将最终动摇认罪认罚从宽制度的实施根基。

基于以上背景，如何对认罪认罚案件中检察机关的量刑建议权予以合理规制，是本书重点探讨的问题。大体而言，前述核心问题中蕴含着三个重要的子问题亟待解决：一是，纵览检察机关量刑建议的改革实践，认罪认罚案件量刑建议权的产生背景、规范内涵与发展趋势是什么？二是，对于认罪认罚案件，检察机关提出量刑建议时应遵守哪些实体准则？亦即，应赋予"认罪""认罚""从宽"以何种实践内涵？三是，对于认罪认罚案件量刑建议的协商机制与审查机制，应当如何进行规范？对于这一系列问题的回答，一方面，既是对认罪认罚案件量刑建议权所涉及的相关问题在实践层面和理论层面的类型化分析与抽象概括；另一方面，也是对认罪认罚案件量刑建议权实践规律的揭示与未来规制路径的探讨。

二 选题的意义

本书的理论意义主要体现在两个方面：第一，通过对检察机关的量刑建议权这一刑事实体法与刑事程序法相交叉问题的研究，尝试在认罪认罚从宽制度领域丰富刑事一体化理论的内涵、推动刑事一体化理论的发展。第二，通过将认罪认罚案件中的量刑建议权纳入诉讼目的、诉讼构造、诉讼原则等刑事诉讼法的基本范畴中进行讨论，尝试协调认罪认罚案件量刑建议权与现代刑事诉讼理念、诉讼原则、诉讼制度之间的冲突，推动刑事诉讼法学理论向纵深方向迈进。

本书的实践意义可从三方面进行阐述：第一，助力司法改革，契合宽严相济刑事政策的基本要求与实践面向。通过研究量刑建议权实体规制问题，以契合政策要求；通过探讨量刑建议权程序规制问题，以坚守法治底线，保障政策向法律转化的正当性与合理性。第二，顺应改革动态，提炼认罪认罚案件量刑建议权实施的基本现状与运作难题。通过对认罪认罚案件量刑建议权所涉及的相关问题在实践层面和理论层面予以类型化分析与抽象概括，以便更为准确地把握检察机关量刑建议权的发展历程、变革逻辑与实践困境。第三，立足实践需求，引导认罪认罚案件量刑建议权规范行使。通过对认罪认罚案件量刑建议权实践规律的揭示与未来规制路径的探讨，助推认罪认罚从宽制度的稳健发展,并为繁简分流司法体制改革增添活力。

第二节 研究综述

就"认罪认罚案件量刑建议权规制研究"这一主题而言,现有研究成果呈现出不同的研究倾向与研究进路。

清晰梳理量刑建议规范内涵的演变历史,是认罪认罚案件量刑建议权规制研究的基础问题。对于量刑问题,我国检察机关曾经长期处于失语状态。从 1999 年北京市东城区人民检察院试行"当庭发表量刑建议制度"伊始,至 2005 年最高人民检察院下发《人民检察院量刑建议试点工作实施意见》(以下简称《试点意见》),再至 2010 年最高人民检察院制定《人民检察院开展量刑建议工作的指导意见(试行)》(以下简称《量刑建议工作指导》),最终至 2018 年第十三届全国人民代表大会常务委员会通过修改后的《刑事诉讼法》,检察机关的量刑建议权才逐渐形成。从一般刑事案件到认罪认罚案件,有关量刑建议的理论成果呈现出不同的研究倾向。对于一般刑事案件中的量刑建议,学者们多从量刑建议的理论依据、[1] 量刑建议的适用效力、[2] 量刑建议的制度设计三个维度展开研究,其中,量刑建议的制度设计又内含量刑建议的范围、[3] 量刑

---

[1] 参见庞良程《量刑建议制度可行性研究》,《国家检察官学院学报》2002 年第 4 期;欧卫安《检察机关对刑罚裁量的合理参与模式研究——从量刑建议到量刑抗诉的路径考察》,《西南大学学报》(人文社会科学版)2007 年第 2 期;吴飞飞《量刑建议功能的反思及其实现》,《中国刑事法杂志》2011 年第 12 期;董坤《规范定位下量刑建议的运行机理及其完善》,《内蒙古社会科学》(汉文版)2012 年第 3 期。

[2] 参见徐汉明、胡光阳《我国建立量刑建议制度的基本构想》,《华中科技大学学报》(社会科学版)2008 年第 5 期;樊崇义、杜邈《检察量刑建议程序之建构》,《国家检察官学院学报》2009 年第 5 期;姜涛《量刑建议制度研究》,《甘肃政法学院学报》2009 年第 5 期。

[3] 参见王志刚《量刑建议制度全面推行的障碍及其破解》,《中国刑事法杂志》2009 年第 5 期;叶青《量刑建议工作的规范化改革》,《华东政法大学学报》2011 年第 2 期;付磊《量刑建议改革的回顾及展望》,《国家检察官学院学报》2012 年第 5 期。

建议的方式、① 量刑建议的时机和形式、② 量刑建议的决策和修正③等方面的内容。对于认罪认罚案件中的量刑建议，学者们主要围绕量刑建议的精准化问题、量刑建议的生成机制、量刑建议的约束力（参考文献见下文）等问题展开论述。

正确理解"认罪认罚"量刑情节的内涵外延，是认罪认罚案件量刑建议实体标准理性建构的重要维度，也是检察机关量刑建议权得以有效规制的基本前提。通过对现有研究的梳理发现，当前理论界有关"认罪认罚"量刑情节基本内涵的理解主要包括三方面。其一，"认罪"量刑情节的基本含义。对于"认罪"量刑情节的基本含义，当前理论界主要存在三种不同学说：一是"认事说"，该学说的代表观点是，"认罪即认事或承认犯罪事实，除此之外，不应给认罪附加任何冗余的内容"④。二是"认事+认罪说"，该学说的基本主张为，"认罪的'概念核'是'如实供述自己的罪行'，也即被追诉人既要承认'行为'，也要承认'犯罪'"⑤。三是"认事+认罪+认罪名说"，该学说的潜在含义为，"认罪"的成立，不仅要求被追诉人承认被指控的事实，还要求其认可被指控行为的构罪性和被指控的具体罪名。⑥ 其二，"认罚"

---

① 参见季美君《量刑建议权制度与刑事司法公正》，《法学家》2004年第3期；冀祥德《构建中国的量刑建议权制度》，《法商研究》2005年第4期；李奋飞《量刑建议制度之初步研究》，《检察实践》2005年第3期。

② 参见王顺安、徐明明《检察机关量刑建议权及其操作》，《法学杂志》2003年第6期；冀祥德《构建中国的量刑建议权制度》，《法商研究》2005年第4期；王军、吕卫华《关于量刑建议的若干问题》，《国家检察官学院学报》2009年第5期。

③ 参见朱孝清《论量刑建议》，《中国法学》2010年第3期；林喜芬《论量刑建议的运行原理与实践疑难破解——基于公诉精密化的本土考察》，《法律科学》2011年第1期；刘宁、史栋梁《量刑建议制度研究：现实与未来——一个实证角度的研究》，《北方法学》2012年第6期。

④ 黄京平：《认罪认罚从宽制度的若干实体法问题》，《中国法学》2017年第5期。

⑤ 陈光中、马康：《认罪认罚从宽制度若干重要问题探讨》，《法学》2016年第8期。

⑥ 参见周新《认罪认罚从宽制度立法化的重点问题研究》，《中国法学》2018年第6期；张全印《认罪认罚从宽量刑的规范化》，《人民司法》2017年第10期。

量刑情节的基本含义。对于"认罚"量刑情节的基本含义，当前理论界主要存在以下不同解读：第一种观点认为，"认罚"是指被追诉人同意检察机关提出的量刑建议、同意适用刑事简化程序（即刑事简易程序和刑事速裁程序等）以及同意退赃退赔的行为。① 第二种观点认为，"认罚"不仅包括被追诉人接受公安司法机关在各个诉讼阶段所提出的抽象刑罚与具体刑罚的行为，还包括被追诉人主动退赃退赔的行为。② 第三种观点认为，"认罚"是指被追诉人接受法院最终可能判处刑罚的行为。③ 第四种观点认为，"认罚"的法定形式是被追诉人认同公诉机关量刑建议并签署具结书的行为，"认罚"的酌定形式是被追诉人退赃退赔的行为。④ 其三，"认罪认罚"量刑情节的载体特征。对于"认罪认罚"应否属于独立的量刑情节这一问题，理论界存在不同解读：一种观点认为，认罪认罚从宽制度是一个集合性的法律制度，其囊括了坦白、自首、缓刑、减刑、假释等具体制度。⑤ 另一种观点主张，认罪认罚案件的程序性价值体现了认罪认罚从宽制度本身的基础价值，故"认罪认罚"应为独立的从宽量刑情节。⑥

正确把握认罪认罚量刑从宽的基本限度，是认罪认罚案件量刑建议实体标准理性建构的另一重要维度，也是检察机关量刑建议权

---

① 参见陈卫东《认罪认罚从宽制度研究》，《中国法学》2016 年第 2 期。
② 参见陈光中、马康《认罪认罚从宽制度若干重要问题探讨》，《法学》2016 年第 9 期。
③ 参见魏东、李红《认罪认罚从宽制度的检讨与完善》，《法治研究》2017 年第 1 期；朱孝清《认罪认罚从宽制度的几个问题》，《法治研究》2016 年第 5 期。
④ 参见孔令勇《教义分析与案例解说：读解刑事诉讼中的"认罪""认罚"与"从宽"》，《法制与社会发展》2018 年第 1 期。
⑤ 参见顾永忠《关于"完善认罪认罚从宽制度"的几个理论问题》，《当代法学》2016 年第 6 期；杨立新《认罪认罚从宽制度理解与适用》，《国家检察官学院学报》2019 年第 1 期。
⑥ 参见樊崇义《关于认罪认罚中量刑建议的几个问题》，《检察日报》2019 年 7 月 15 日，第 2 版；李立峰、闵丰锦《"认罪认罚"应视为独立的量刑情节》，《检察日报》2019 年 5 月 21 日，第 3 版；苗生明、周颖《认罪认罚从宽制度适用的基本问题——〈关于适用认罪认罚从宽制度的指导意见〉的理解和适用》，《中国刑事法杂志》2019 年第 6 期。

得以有效规制的关键因素。大体而言，当前理论界对认罪认罚案件量刑从宽样态问题的研究包括以下几方面内容：第一，注重研究认罪认罚案件量刑从宽的正当性基础。对于认罪认罚案件量刑从宽的正当性基础这一问题，学者们多从"宽严相济刑事政策""节约国家司法资源""特殊预防必要性减少""权利放弃对价说"等方面展开论述。[①] 第二，注重研究认罪认罚案件量刑从宽的幅度。对于认罪认罚案件量刑从宽幅度这一问题，部分学者倾向于根据认罪认罚量刑情节设计具体的量刑从宽幅度。如有学者认为认罪认罚量刑从宽的最高幅度应为40%[②]，而有学者则认为认罪认罚量刑从宽的最高幅度应为30%[③]。部分学者倾向于运用刑法学理论解读认罪认罚量刑从宽幅度，如部分学者认为认罪认罚案件中的"从宽"包括从轻、减轻与免除处罚等情形，[④] 而有学者则认为认罪认罚案件中的"从宽"只应包括从轻处罚[⑤]。第三，注重认罪认罚量刑从宽幅度的层级化安排，即针对不同诉讼阶段、不同诉讼程序设计差异化的量刑从宽幅度。[⑥]

认罪认罚案件量刑建议的形成过程，即是检察机关量刑建议权

[①] 参见魏晓娜《完善认罪认罚从宽制度：中国语境下的关键词展开》，《法学研究》2016年第4期；赵恒《论从宽的正当性基础》，《政治与法律》2017年第11期；陈伟、霍俊阁《认罪认罚实体从宽的制度优化》，《人民司法》2018年第7期。

[②] 参见赵恒《论量刑从宽——围绕认罪认罚从宽制度的分析》，《中国刑事法杂志》2018年第4期。

[③] 参见周新《论从宽的幅度》，《法学杂志》2018年第1期。

[④] 参见王庆刚《认罪认罚从宽的制度属性与司法适用——综合制度属性视野下对"从宽"的理解与适用》，《法律适用》2019年第13期。

[⑤] 参见刘宪权、林雨佳《如何在认罪认罚从宽制度中实现科学量刑》，《检察日报》2019年6月19日第3版。

[⑥] 参见刘伟琦《认罪认罚的"321"阶梯式从宽量刑机制》，《湖北社会科学》2018年第12期；郭烁《层级性：认罪认罚制度的另一个侧面》，《河南大学学报》（社会科学版）2018年第2期；宋一心、李晨《"认罪越早、从宽越多"量刑理念的实例应用及价值探究》，《法律适用》2019年第22期；刘伟琦《认罪认罚阶梯式从宽量刑精准化研究——兼评〈关于适用认罪认罚从宽制度的指导意见〉》，《北方法学》2020年第1期；王刚《认罪认罚案件量刑建议规范化研究》，《环球法律评论》2021年第2期。

合理化的过程，其集中体现在控辩双方量刑建议协商机制的建构上。目前，理论界有关认罪认罚案件量刑建议形成机制的研究主要包括两大路径：第一种，主张充分借鉴国外辩诉交易制度、认罪协商制度的改革成果，积极发挥量刑建议协商程序对于完善认罪认罚从宽制度的关键作用。如有学者认为，"尽管当前认罪认罚从宽制度改革并未从字面上提及任何与协商有关的字眼，不过其从客观上为控辩双方的协商与合作创造了相当的空间及可能"①。还有学者主张，"从刑事诉讼程序创新来看，构建中国式认罪协商程序是认罪认罚从宽制度完善的核心问题"②。第二种，认为美国辩诉交易制度视野下的"控辩协商"与我国的司法传统相违，难以在我国法治建设的道路上落地生根，故其并非完善认罪认罚从宽制度的最佳选择。如有学者指出，"将交易式协商程序作为完善认罪认罚从宽制度的主要抓手，只是简单地将辩诉交易与认罪认罚从宽制度进行程序上的对接，是一种错误的理论认识"③。还有学者认为，"听取意见模式具有独特的程序结构，既不是辩诉交易制度的翻版，也不同于认罪协商"④。

认罪认罚案件量刑建议的审查过程，即是检察机关量刑建议权规范化的过程，其集中体现在人民法院对量刑建议审查机制的建构上。针对审判环节人民法院对认罪认罚案件量刑建议的审查程序这一问题，当前理论界主要包括以下研究思路：第一，关注认罪认罚案件量刑建议审查程序的高效化。部分论述注重对认罪认罚案件之简化审理程序的合理建构。如有学者提出，对于认罪认罚案件，应

---

① 吴思远：《论协商性司法的价值立场》，《当代法学》2018年第2期。
② 胡铭：《认罪协商程序：模式、问题与底线》，《法学》2017年第1期。
③ 左卫民：《认罪认罚何以从宽：误区与正解——反思效率优先的改革主张》，《法学研究》2017年第3期。
④ 闫召华：《听取意见式司法的理性建构——以认罪认罚从宽制度为中心》，《法制与社会发展》2019年第4期。

当"统筹审前程序与庭审程序的平衡塑造，最大限度地实现简化审理程序的'全程'提速"①。还有学者认为，"在认罪认罚从宽制度改革过程中，集中审理模式在司法实践中应运而生，它契合认罪认罚从宽制度'公正为本、效率优先'的价值取向"②。而部分观点则注重对被追诉人认罪认罚自愿性审查问题的研究，尤其是对被追诉人"认罪"自愿性审查问题的研究。③ 第二，提倡认罪认罚案件量刑建议审查程序的实质化。部分学者采用法教义学分析方法对现行立法中量刑建议效力问题进行反思，④ 而部分学者则从控审构造、检法冲突等深层原因出发指出法院审查机制建构的基本方向⑤。第三，注重对二审程序中被追诉人上诉权问题的研究。如有学者提出，"司法实践中被告人滥用上诉权的现象却未得到有效缓解，增加了司法负担，消解了认罪认罚从宽制度在提高诉讼效率、优化资源配置等方面的重要作用"⑥。有学者指出，"为了防止滥用上诉权、保障认罪认罚制度的效率价值，我国应建立二元上诉结构"⑦。

---

① 步洋洋：《认罪认罚从宽视域下刑事简化审理程序的本土化省察》，《法学杂志》2019年第1期。

② 李海峰、邓陕峡：《认罪认罚案件集中化审理的正当性基础与制度完善——基于S省基层人民法院的试点》，《江西社会科学》2019年第10期。

③ 参见赵恒《认罪及其自愿性审查：内涵辨析、规范评价与制度保障》，《华东政法大学学报》2017年第4期；史立梅《认罪认罚从宽程序中的潜在风险及其防范》，《当代法学》2017年第5期；白宇《审辩协同：认罪自愿性及真实性的有效保障——基于A市认罪案件审辩关系的实证分析》，《辽宁大学学报》（哲学社会科学版）2019年第3期；韩晗《认罪认罚自愿性的法院审查难题及其破解》，《烟台大学学报》（哲学社会科学版）2019年第6期；卞建林《认罪认罚案件审理程序的若干问题》，《中国刑事法杂志》2022年第1期。

④ 参见闫召华《论认罪认罚案件量刑建议的裁判制约力》，《中国刑事法杂志》2020年第1期；闫召华《"一般应当采纳"条款适用中的"检""法"冲突及其化解——基于对〈刑事诉讼法〉第201条的规范分析》，《环球法律评论》2020年第5期；孙远《"一般应当采纳"条款的立法失误及解释论应对》，《法学杂志》2020年第6期。

⑤ 参见韩轶《认罪认罚案件中的控审冲突及其调和》，《法商研究》2021年第2期；陈明辉《认罪认罚从宽制度中法检权力的冲突与协调》，《法学》2021年第11期；王迎龙《认罪认罚从宽制度中的控审构造》，《中国刑事法杂志》2021年第6期。

⑥ 周新：《论认罪认罚案件救济程序的改造模式》，《法学评论》2019年第6期。

⑦ 牟绿叶：《认罪认罚案件的二审程序——从上诉许可制展开的分析》，《中国刑事法杂志》2019年第3期。

还有学者认为，应当将认罪认罚案件中被告人的上诉类型区分为"违约性上诉"和"救济性上诉"。①

大体而言，当前理论界有关"认罪认罚案件量刑建议权规制研究"这一主题的研究存在以下几点不足：

第一，认罪认罚案件量刑建议权规制研究的基础问题。一方面，当前理论界习惯于对一般刑事案件与认罪认罚案件中检察机关的量刑建议权进行区分研究，而未进一步探寻两类案件间检察机关量刑建议权的潜在关联。另一方面，当前理论界主要围绕两类案件中量刑建议权所涉及的具体问题展开研究，而未能从整体视角揭示检察机关量刑建议权变革背后所蕴含的基本逻辑与可能风险。因此，有必要深入探究认罪认罚案件量刑建议权的变革背景、规范内涵及发展趋势，以明确认罪认罚案件量刑建议权规制的现实问题与可行路径。

第二，认罪认罚案件量刑建议权的实体规制问题。一方面，学者们大多聚焦于对"认罪""认罚"基础概念的界定，但对于"认罪认罚"是否属于独立的量刑情节、"认罪认罚"量刑情节与相似量刑情节间存在何种关系、"认罪认罚"量刑情节与相似量刑情节并存时应如何评价等与认罪认罚案件量刑建议"从宽"密切相关的问题则探讨不足。另一方面，现有研究对于认罪认罚案件量刑从宽的正当性基础、认罪认罚量刑从宽幅度的层级化安排等问题的讨论较为充分，而对于认罪认罚量刑从宽限度这一核心问题的探讨则稍显不足。现有研究多立足于程序法视角，运用比较分析、规范分析等方法提出认罪认罚量刑从宽限度的原则性设想，却缺乏对实体法视域下认罪认罚量刑从宽尺度及相关问题的实证探讨，由此导致有关认罪认罚量刑实践改革的论证理论性不足、科学性不强。因此，

---

① 参见谢登科《论认罪认罚案件被告人上诉权及其限定》，《暨南学报》（哲学社会科学版）2022年第5期。

有必要对"认罪认罚"量刑情节的基本属性与具体评价等问题作进一步解读；且有必要从刑事一体化的立场出发，对认罪认罚案件量刑从宽的合理样态进行实证剖析，从理论与实践相结合的角度为认罪认罚从宽量刑规则的建立提供可行的思路。

第三，认罪认罚案件量刑建议权的程序规制问题。第一，现有研究进路多以"国外经验"为中心来探讨认罪认罚案件量刑建议协商程序建构的可行性问题，却忽视了"本土问题"视域下有中国特色认罪认罚案件量刑建议协商机制的建构可能与基本路径。第二，前期研究更多关注对认罪认罚案件简化审理程序的建构，却较少涉及对认罪认罚案件司法审查程序的探讨；且在仅有的研讨认罪认罚案件司法审查程序的文献中，学者们多针对认罪认罚自愿性审查问题进行阐述，而鲜有针对认罚合法性、适当性审查问题的论述。晚近研究开始关注认罪认罚案件审查机制的实质化，但其更多地采用法教义学分析方法对现行立法中量刑建议效力问题进行反思，或从控审构造、检法冲突等深层原因出发指出法院审查机制建构的基本方向，而对如何具体建构认罪认罚案件量刑建议的审查程序论证不足。第三，在有关认罪认罚案件二审程序的研究中，学者们更加倾向于对被追诉人上诉权问题进行研究，而忽视了对二审量刑建议司法审查程序的探讨。因此，有必要对当前中国实践中认罪认罚案件量刑建议的协商困境、理论成因及未来路径进行理论研究；且有必要针对认罪认罚案件量刑建议审查机制的现实意义、实践困境及应然路径等问题展开理论探讨。

第三节 文章框架

对于认罪认罚案件检察机关量刑建议权的合理规制问题，本书主要从五个部分进行阐述。

第一章为"认罪认罚案件量刑建议权的新型样态"。本章主要从认罪认罚案件量刑建议权的变革背景、规范内涵、发展趋势与规制意义四个部分展开论述，旨在明确认罪认罚案件量刑建议权新型样态背后所隐含的现实问题。第一部分阐释了认罪认罚案件量刑建议权的产生背景。受"合作式"诉讼模式的影响，认罪认罚案件量刑建议权的实质内核发生了巨大变化，检察机关量刑建议制度改革进入了新阶段。第二部分梳理了认罪认罚案件量刑建议权的规范内涵。从一般刑事案件到认罪认罚案件，量刑建议的提出方式趋于精准化、量刑建议的表达形式逐步书面化、量刑建议的适用效力愈加实质化。第三部分揭示了认罪认罚案件量刑建议权的发展趋势。认罪认罚案件量刑建议规范内涵的变化反映出检察机关量刑建议权从"无"到"有"、从"弱"到"强"的扩张本质，且于实践中易招致检察机关权力滥用的风险。第四部分指明认罪认罚案件量刑建议权的规制意义。认罪认罚案件量刑建议权的扩张本质，于实践中易招致检察机关权力滥用的风险，故有必要从实体与程序两个维度对检察机关的量刑建议权进行规制。

　　第二章为"实体规制（一）：认罪认罚作为独立量刑情节的理论证成"。本章通过明确"认罪认罚"量刑情节的基本属性、"认罪认罚"与相似量刑情节的关系、"认罪认罚"与相似量刑情节的评价等问题，旨在夯实认罪认罚案件量刑建议公正作出的基础与前提。第一部分阐释了"认罪认罚"作为独立量刑情节的内在根据。"认罪认罚"作为独立的量刑情节，具备坚实的法律根据、理论根据与效果根据。第二部分分析了"认罪认罚"与相似量刑情节的关系。从静态视角出发，"认罪认罚"与"自首""坦白"量刑情节之间的共同构成要件要素是"如实供述主要犯罪事实"，但二者在指向对象、客观含义、主观内容及适用阶段等方面存在较大不同，两类量刑情节之间存在交叉关系。第三部分揭示了"认罪认罚"量刑情节与相似量刑情节并存时的评价路径。从动态视角来看，检察机关应当依循"全面评价原则"与"禁止重复评价原则"的精神，明确对"认罪认罚"与相似量刑情节进行合理评价的步骤。

第三章为"实体规制（二）：认罪认罚案件量刑建议的从宽限度"。本章以刑事裁判文书为分析对象，通过阐述认罪认罚案件量刑建议"从宽限度"的实践样态、运作难题及重塑路径，旨在合理控制检察机关对认罪认罚案件量刑建议从宽幅度的裁量空间。第一部分明确限定了本章所研究的认罪认罚案件量刑建议"从宽限度"的基本范围。本章的研究视域为量刑建议的"最高限度"，本章的实证对象为故意伤害案件。第二部分与第三部分分别归纳出实践中认罪认罚案件量刑建议"最高限度"的两种类型，即"限缩式从宽"和"扩张式从宽"，并依次分析了认罪认罚案件量刑建议"最高限度"的两种类型可能导致的实践难题。第四部分明晰了认罪认罚案件量刑建议"最高限度"的重塑路径。从协调实体法与程序法基本理念、平衡量刑建议从宽适用的视角出发，认罪认罚案件量刑建议中从宽的"最高限度"应具备量刑从宽情节交叉化、量刑从宽幅度常态化、量刑从宽效力半刚性的实质内涵。

第四章为"程序规制（一）：认罪认罚案件量刑建议的协商机制"。本章通过阐明认罪认罚案件量刑建议协商机制的实践困境、理论原因与建构路径，旨在限制检察机关对认罪认罚案件量刑建议协商程序的过度主导。第一部分介绍了认罪认罚案件量刑建议协商机制的现实意义。确立认罪认罚案件量刑建议的协商机制，既是对"合作式"诉讼模式的有力回应，也是出于保障被追诉人认罪认罚自愿性、真实性与合法性的客观需要。第二部分揭示了认罪认罚案件量刑建议协商机制的实践困境。在司法实践中，检察机关对量刑建议协商过程的强势主导与被追诉方对量刑建议协商过程的被动参与，致使认罪认罚案件量刑建议协商机制缺失现象普遍存在且极其严重。第三部分明确了认罪认罚案件量刑建议协商机制的建构路径。应当从权利确定、信息均衡、能力相当、对话平等、从宽兑现五个方面建构真正意义上的认罪认罚案件量刑建议协商机制。

第五章为"程序规制（二）：认罪认罚案件量刑建议的审查机制"。本章通过对认罪认罚案件量刑建议审查机制实践缺位的问题进行反思，旨在贯彻"以审判为中心"的诉讼理念，限制检察机关量刑建议对人民法院量刑结果的过度影响。第一部分阐明了认罪认罚案件量刑建议审查机制的正当性。强化审判阶段人民法院对认罪认罚案件量刑建议的审查，有助于推动认罪认罚案件实现实体公正、巩固"以审判为中心"的实践成果，且契合刑事诉讼效率化改革目标。第二部分揭示出认罪认罚案件量刑建议审查机制的实践缺位。从审判实践反馈的情况来看，对于认罪认罚案件中的量刑建议，人民法院存在一审审理程序审查失范、二审审级程序审查乏力等现实问题。第三部分剖析了认罪认罚案件量刑建议审查缺位的现实原因。认罪认罚案件量刑建议审查机制缺位这一问题的背后既有浅层次的机制性原因，也有深层次的根本性原因。第四部分提出了认罪认罚案件量刑建议审查机制的建构路径。既要规范一审程序中人民法院对量刑建议的审查，也要规范二审程序中人民法院对量刑建议的审查。

本书的创新之处主要有以下几点：第一，通过对量刑建议制度的发展历史进行梳理，揭示检察机关量刑建议权的演变逻辑，阐明从实体规则、控辩关系、控审关系等维度对认罪认罚案件中检察机关量刑建议权进行规制的必要性。第二，从实证视角出发，建议对认罪认罚案件量刑实践素材进行类型化处理与抽象化分析，以便深入了解认罪认罚案件量刑建议权改革中存在的实践问题与理论难题。量刑建议从宽限度中的"限缩式从宽"与"扩张式从宽"，以及量刑建议协商机制中的"单方决断式"与"平等对话式"，均是对类型化处理与抽象化分析方法的尝试与探索。第三，从刑事一体化视角切入，综合运用刑法学、刑事诉讼法学理论探讨认罪认罚案件量刑建议权规制的未来路径。"认罪认罚"与"自首""坦白"情节交叉化、量刑建议从宽幅度常态化、量刑建议"实体审查标准"与"具体审查程序"并重等结论的得出，均是对刑事一体化理论加以应用的结果。

第四节　研究方法

本书在写作中主要运用了以下研究方法。

第一，实证研究方法。本书所采用的最为主要的研究方法为实证研究方法，其中包括"案例实证""直接观察""参与座谈"等内容。首先，本书选取认罪认罚案件的裁判文书为分析对象，对认罪认罚案件量刑建议的从宽限度进行实证剖析。其次，笔者于2019年7月16日至18日，对L省3家检察院、法院及部分律师进行了调研，通过与办理刑事案件的一线法官、检察官及辩护律师座谈，明确了认罪认罚案件量刑建议协商程序与审查程序中存在的问题。

第二，模式分析方法。所谓模式分析，是指"研究者对某一事物的结构状态经过高度抽象所做的理论归纳"[①]。本书在对认罪认罚案件量刑建议实践素材进行类型化处理与抽象化分析的基础上，透视认罪认罚案件量刑建议改革中存在的实践问题与理论难题，并为实践问题与理论难题的解决提供坚实的基础。

第三，交叉学科的方法。认罪认罚案件量刑建议的适用依据和从宽限度，既涉及刑事诉讼法学的理论，也涉及刑法学、法理学等方面的知识。不仅如此，本书在对认罪认罚案件量刑建议的协商机

[①] 参见陈瑞华《刑事诉讼的中国模式》，法律出版社2010年版，第33页。

制和审查机制进行研究的过程中，涉及对实证文献和实证案例的处理，而实证分析又属于社会学的基本范畴。因此，交叉学科的方法也是本书采用的重要研究方法。

第四，比较研究的方法。本书借鉴了美国"辩诉交易制度"、法国"庭前认罪答辩程序"、德国"认罪协商制度"、意大利"处刑交易制度"等研究成果，以求扩展实践研究领域、充实理论分析资源。通过对国外既有规定与实践的分析、对比，为完善我国认罪认罚案件量刑建议的规则体系、限制检察机关的量刑建议权提供了有益帮助。

第一章
认罪认罚案件量刑建议权的新型样态

作为法院刑罚裁量的重要参考，检察机关量刑建议的推行对于规范法官量刑裁量权具有十分重要的意义。从历史轴线来看，我国检察机关曾经长期不具备具体量刑问题的话语权，直至1999年北京市东城区人民检察院试行"公诉人当庭发表公诉意见"起，才逐渐展开探索。2005年7月，最高人民检察院下发《试点意见》，明确将量刑建议列为检察机关公诉改革的重点项目，并授权2省（市）、7市（州）、2区检察院开展量刑建议的试点与推广工作。此后，最高人民检察院又于2010年2月制定《量刑建议工作指导》，以司法解释的方式完善了量刑建议的实施规范与基本要求。2018年10月，第十三届全国人民代表大会常务委员会通过的《关于修改〈中华人民共和国刑事诉讼法〉的决定》中规定，"犯罪嫌疑人认罪认罚的，人民检察院应当就主刑、附加刑、是否适用缓刑等提出量刑建议，并随案移送认罪认罚具结书等材料"。至此，量刑建议被正式确立在我国的刑事诉讼法中，成为我国未来诉讼体制改革的重要组成部分。

在量刑制度改革的大背景下，检察机关量刑建议的适用重心逐渐由一般刑事案件向认罪认罚案件转移。认罪认罚案件中的量刑建议不仅是形塑从宽预期效应的核心机制，也是构建认罪认罚从宽制度的关键所在。① 总体来看，从一般刑事案件到认罪认罚案件，检

---

① 参见陈卫东《认罪认罚案件量刑建议研究》，《法学研究》2020年第5期。

察机关量刑建议权的实质内涵已然发生改变。但是，纵览近年来量刑建议制度的改革实践，实务界有关两类案件间量刑建议权的关系存在差异理解，部分司法人员并未细致甄别一般刑事案件与认罪认罚案件量刑建议权的区别，其仍然坚持运用传统思维看待认罪认罚案件中的量刑建议权；而相当数量的司法人员则试图切割一般刑事案件与认罪认罚案件量刑建议权的联系，其倾向于促成检察机关对于量刑问题的强势主导。不仅如此，当前理论界习惯于对两类案件中检察机关的量刑建议权进行孤立研究，而未进一步探寻两类案件间检察机关量刑建议权的潜在关联，以及检察机关量刑建议权变革背后所蕴含的可能风险，由此导致认罪认罚案件量刑建议权的定位不清、适用不明。基于此，本章尝试在厘清认罪认罚案件量刑建议权的产生背景、规范构造与演变规律的基础上，探究检察机关量刑建议权的变革风险及规制路径，以增进认罪认罚案件量刑建议的运作活力，促进认罪认罚从宽制度的长效施行。

第一节 认罪认罚案件量刑建议权的产生背景

我国在 1979 年《刑事诉讼法》中确立了职权主义（或强职权主义）的诉讼模式，相较于其他职权主义国家，我国的刑事诉讼呈现出检察机关控诉权强化、被追诉人主体地位弱化及法官审判权泛行政化的基本特征。[①] 在这一时期，刑事诉讼的审判方式表现为"审问式"。具体而言，在庭审之前，人民检察院将全部案卷移送给人民法院，法官通过庭前实体性审查形成有罪预判与量刑预断；在庭审之中，法官主动追诉犯罪、承担部分公诉职权，控审合一。由于法官积极行使对被追诉人的定罪权与量刑权，致使相当长时期内

---

① 参见汪海燕《刑事诉讼模式的演进》，中国人民公安大学出版社 2004 年版，第 427—431 页。

检察机关提出量刑建议的空间不大、动力不足，该阶段检察机关的量刑建议权处于沉寂期。

为了克服庭审形式化的实践难题、推动庭审实质化的制度改革，从而实现刑事审判的公平正义，1996年《刑事诉讼法》修改汲取了当事人主义诉讼模式的合理内核，通过废除庭前案卷移送制度、增强庭审控辩对抗、减少法官审前预断等举措，大幅度地引入"对抗式"诉讼因素，对过往的"审问式"审判模式进行修正。[①]所谓对抗式诉讼，是指"控辩双方在若干重要规则的限制之下形成的相互对立且具有解释性的主张的一种争辩程序"[②]。具体而言，"对抗式"审判模式包括三方面实质特征：第一，控辩双方相互对立、相互抗争。在对抗式诉讼中，控诉方提出被追诉人有罪及罪责轻重的诉讼请求，辩护方则针对此作出无罪、罪轻或者从轻、减轻处罚的诉讼答辩。控辩双方围绕案件事实、证据材料及适用法律等问题展开攻击与防御，以便说服法官作出于己有利的刑事裁决。第二，法官作为独立的第三方居中裁判。对抗式诉讼要求法官作为独立于控辩主体之外的第三方去公正、客观地裁判，不得有所偏袒。并且，对抗式诉讼主张法官只能依据控辩双方提出的主张和提供的证据进行裁判，而不得逾越控辩双方的诉求范围恣意裁决。第三，被追诉人的诉讼主体地位得以确立。对抗式诉讼的一项重要任务就是对被追诉人的诉讼参与权予以保障。在对抗式诉讼中，被追诉人不再被视为刑事诉讼的客体，而应作为诉讼程序的主体享有各项权利、负担特定义务。受对抗式审判模式的影响，各地检察机关纷纷在诉讼过程中根据被追诉人

---

① 需要指出的是，我国既有的诉讼模式并非真正、完整意义上的"对抗式"诉讼模式，而是呈现出明显的混合性、过渡性和变动性的特点。参见陈卫东、张月满《对抗式诉讼模式研究》，《中国法学》2009年第5期；熊秋红《刑事庭审实质化与审判方式改革》，《比较法研究》2016年第5期。

② ［美］加里·古德帕斯特：《美国对抗式刑事审判理论探究》，郭志媛、苑宁宁译，载虞平、郭志媛编译《争鸣与思辨：刑事诉讼模式经典论文选译》，北京大学出版社2013年版，第300页。

的犯罪事实、行为性质、情节轻重等因素向法院提出量刑请求,促使法官作出量刑裁判、推动诉讼程序有效运转。经过长期的实践探索,我国在2012年《刑事诉讼法》修改中暗含了允许检察机关提出量刑建议的规定,①至此检察机关的量刑建议权初具雏形。

"对抗式诉讼奠定了现代刑事诉讼的基本框架和规则体系,在发现案件事实、形成法治规范、实现实质正义和保障程序理性等方面都发挥着不可或缺的基础性作用。"② 但是,对抗式诉讼以控辩双方具有对立立场为前提,这易造成刑事案件诉讼成本的增加。因为一个国家诉讼程序的对抗性与司法资源的消耗量往往呈现正向相关关系,诉讼程序的对抗性越强,司法资源的消耗量就越大。不仅如此,以控辩双方相互对抗为实质内核的对抗式诉讼,在控辩双方妥协合作的诉讼场域中并不存在实际适用的空间与可能。近年来,面对"案多人少"、诉讼资源稀缺的司法现状,我国于2014年开启了以合理优化司法资源、积极推动诉讼程序多元化建构为主题的新一轮司法体制改革,其中一项重要的改革成果即是确立认罪认罚从宽制度。由此,司法实践中逐渐形成了一种有别于传统"对抗式"的司法模式,即"合作式"司法模式。③ 根据过往的研究,"合作式"司法模式包括"最低限度的合作""和解性的私力合作"与"协商性的公力合作"三种子模式,④ 认罪认罚从宽制度因蕴含协商精神而应被归入"协商性的公力合作"模式中。具体而言,"协商性的

---

① 2012年《中华人民共和国刑事诉讼法》第一百九十三条规定:"法庭审理过程中,对与定罪、量刑有关的事实、证据都应当进行调查、辩论。经审判长许可,公诉人、当事人和辩护人、诉讼代理人可以对证据和案件情况发表意见并且可以互相辩论。"该条暗含了赋予检察机关提出量刑建议的权力。

② 谭世贵:《论刑事诉讼模式及其中国转型》,《法制与社会发展》2016年第3期。

③ 参见樊崇义《刑事诉讼模式的转型——评〈关于适用认罪认罚从宽制度的指导意见〉》,《中国法律评论》2019年第6期。

④ 参见陈瑞华《刑事诉讼的公力合作模式——量刑协商制度在中国的兴起》,《法学论坛》2019年第4期。

公力合作"模式包括三项核心构成要素：第一，控辩双方相互协作、互利共赢。在"协商性的公力合作"模式中，控辩双方为了谋求各自利益的最大化，往往在审前阶段便达成了认罪认罚从宽协议。由于辩护方主动认罪认罚、控诉方积极与其协商，控辩双方之间形成了非对抗的诉讼格局。第二，法官作为第三方居中审查确认。法官在"协商性的公力合作"模式中并未对控辩双方之间的合作施加外部压力，而多是对二者达成的纠纷解决方案进行权威性的审查确认，也就是说，对诉讼程序发挥主导作用的仍然是控辩双方间的协商合作。第三，被追诉人的诉讼主体地位得以加强。在"协商性的公力合作"模式下，辩护方被给予了更为广泛的诉讼权利，以便其在平等、自愿的基础上与控诉方达成认罪认罚从宽协议，由此被追诉人的诉讼主体地位得到了进一步强化。受合作式司法模式的影响，认罪认罚案件量刑建议权的实质内核发生了巨大的变化，检察机关量刑建议制度改革自此进入了新阶段。

第二节 认罪认罚案件量刑建议权的规范构造

量刑建议权，是指检察机关依照法定程序向人民法院提出量刑建议的权力，其属于检察机关公诉权的下位权能。① 从一般刑事案件到认罪认罚案件，量刑建议权的规范构造发生了悄然改变。

一 量刑建议提出方式的精准化

在司法实践中，根据检察机关建议判处被追诉人刑罚的明确程度，可将量刑建议划分为"概括的量刑建议""相对确定的量刑建议"和"绝对确定的量刑建议"。② 其中，"概括的量刑建议"所

---

① 参见冀祥德《构建中国的量刑建议权制度》，《法商研究》2005年第4期。
② 参见朱孝清《论量刑建议》，《中国法学》2010年第3期。

指向的是，检察机关仅提出量刑应予适用的法律条款，或仅提出依法从重、从轻、减轻或免除处罚等原则性建议。"相对确定的量刑建议"具体体现为，检察机关在法定刑幅度内提出具有一定幅度、但又小于法定刑幅度的量刑建议。"绝对确定的量刑建议"主要表现为，检察机关明确提出应判处的具体刑罚，包括刑种、刑期及执行方式等。① 总体而言，从一般刑事案件到认罪认罚案件，检察机关提出量刑建议的方式逐渐从"宽泛化"向"精准化"转变。

从一般刑事案件到认罪认罚案件，量刑建议提出方式的变化首要出现于主刑领域。在认罪认罚从宽制度试点工作开展之前，对于一般刑事案件，理论界及实务界倾向于确立"宽泛化"的量刑建议提出方式，且该提出方式内含"概括的量刑建议"与"相对确定的量刑建议"（幅度较大）两种子样态。2010年最高人民检察院出台的《量刑建议工作指导》采用了这种做法。② 然而，随着认罪认罚从宽制度试点工作的开展，对于认罪认罚案件，中央层面开始积极探索"精准化"的量刑建议提出方式，且该提出方式以"绝对确定的量刑建议"与"相对确定的量刑建议"（幅度较窄）交互结合为基本表征。2016年"两高三部"《试点办法》③、2019年"两

---

① 参见王军、吕卫华《关于量刑建议的若干问题》，《国家检察官学院学报》2009年第5期。

② 2010年最高人民检察院出台的《人民检察院开展量刑建议工作的指导意见（试行）》第五条包含两款内容。第一款规定："除有减轻处罚情节外，量刑建议应当在法定量刑幅度内提出，不得兼跨两种以上主刑……"第二款规定："对不宜提出具体量刑建议的特殊案件，可以提出依法从重、从轻、减轻处罚等概括性建议。"显然，第一款为"相对确定的量刑建议"提出方式，第二款则为"概括的量刑建议"提出方式。

③ 2016年最高人民法院、最高人民检察院、公安部、国家安全部、司法部联合印发的《关于在部分地区开展刑事案件认罪认罚从宽制度试点工作的办法》第十一条第二款指出："量刑建议一般应当包括主刑、附加刑，并明确刑罚执行方式。可以提出相对明确的量刑幅度，也可以根据案件具体情况，提出确定刑期的量刑建议。"由此，《试点办法》采用了"相对确定的量刑建议"与"绝对确定的量刑建议"相结合的提出方式。

高三部"《指导意见》①以及 2021 年最高人民检察院《量刑建议指导意见》②均明确了这一做法。与之相应，出于兑现量刑从宽承诺、增强认罪认罚预测性及促进诉讼程序分流等因素的考量，自 2019 年 1 月至 2020 年 8 月，全国检察机关提出确定刑量刑建议的总体比例从 27.3% 上升至 76%。③

从一般刑事案件到认罪认罚案件，量刑建议提出方式的变化不仅仅存在于主刑领域。就附加刑而言，受法官主导量刑裁判理念的支配，过往的量刑建议实践倾向于只提出附加刑的刑种但不提出附加刑的幅度；而在控辩协商实质化理念的影响下，认罪认罚案件中的量刑建议不但应包括附加刑的刑种，而且还应涉及附加刑的具体幅度。④ 就刑罚执行方式而言，过往的量刑建议实践往往只涉及刑罚本身，对于刑罚执行方式问题却未给予充分重视，而认罪认罚案件中的量刑建议不仅应注重主刑、附加刑的精准化发展，还应积极探寻缓刑等刑罚执行方式的提出路径。⑤ 就数罪并罚案件而论，对于判决宣

---

① 2019 年最高人民法院、最高人民检察院、公安部、国家安全部、司法部共同发布的《关于适用认罪认罚从宽制度的指导意见》第三十三条第二款规定："办理认罪认罚案件，人民检察院一般应当提出确定刑量刑建议。对新类型、不常见犯罪案件，量刑情节复杂的重罪案件等，也可以提出幅度刑量刑建议。"可见，《指导意见》采用以"绝对确定的量刑建议"为原则，以"相对确定的量刑建议"为例外的量刑建议提出方式。

② 2021 年最高人民检察院公布的《人民检察院办理认罪认罚案件开展量刑建议工作的指导意见》第十二条第二款规定："建议判处拘役的，一般应当提出确定刑量刑建议"，第十三条第二款规定："建议判处有期徒刑的，一般应当提出相对明确的量刑幅度……"第十三条第三款规定："建议判处管制的，幅度一般不超过三个月"。据此，《量刑建议指导意见》进一步明确了"绝对确定的量刑建议"与"相对确定的量刑建议"各自的适用范围。

③ 参见张军《最高人民检察院关于人民检察院适用认罪认罚从宽制度情况的报告——2020 年 10 月 15 日在第十三届全国人民代表大会常务委员会第二十二次会议上》，《检察日报》2020 年 10 月 17 日第 2 版。

④ 例如，2019 年最高人民法院、最高人民检察院、公安部、国家安全部、司法部共同发布的《关于适用认罪认罚从宽制度的指导意见》第三十三条第四款规定："……建议判处罚金刑的，参照主刑的从宽幅度提出确定的数额。"与之相似，2021 年最高人民检察院公布的《人民检察院办理认罪认罚案件开展量刑建议工作的指导意见》第十二条第三、四款规定："建议判处附加刑的，应当提出附加刑的类型。建议判处罚金刑的，应当以犯罪情节为依据，综合考虑犯罪嫌疑人缴纳罚金的能力提出确定的数额。"

⑤ 例如，2021 年最高人民检察院公布的《人民检察院办理认罪认罚案件开展量刑建议工作的指导意见》第十二条第五款规定："建议适用缓刑的，应当明确提出。"

告前被追诉人犯有数罪的刑事案件，过往的量刑建议主张公诉人应分别对各罪发表量刑建议，以避免数个"宽泛化"量刑建议相加并罚后可能导致的量刑建议模糊化；而认罪认罚案件中的量刑建议则强调应针对各罪发表总体量刑建议，以达致数个"精准化"量刑建议相加并罚基础上量刑建议的更加精准化。①

二 量刑建议表现形式的书面化

量刑建议的表达形式，涉及以何种方法提出量刑建议这一重要实践问题。在司法实务中，量刑建议的表达形式往往受制于量刑建议的提出时机，表达形式与提出时机之间存在着相互对立、相互依存的密切关系。一般来说，检察机关在"提起公诉时"提出的量刑建议多采用"书面"形式，而检察机关在"发表公诉意见时"提出的量刑建议则多采用"口头"形式。② 大体而言，从一般刑事案件到认罪认罚案件，量刑建议的表达形式开始从"书面与口头并存"向"书面"转换。

2010年最高人民检察院《量刑建议工作指导》第十一条第一款规定，"人民检察院提出量刑建议，一般应制作量刑建议书，根据案件具体情况，也可以在公诉意见书中提出"。通过分析可知，该条规定暗含两层含义：一方面，对于一般刑事案件，检察机关所提量刑建议通常应采用书面形式，但不排除特殊情况下口头形式适用的可能；另一方面，检察机关针对一般刑事案件提出量刑建议，通常应当专门制作《量刑建议书》，并于庭审结束后移送人民法院，但在特定情况下也可以直接在《公诉意见书》中发表量刑建议。需要说明的是，由于一般刑事案件量刑建议提出的时间多为"发表公

---

① 例如，2021年最高人民检察院公布的《人民检察院办理认罪认罚案件开展量刑建议工作的指导意见》第十七条规定："犯罪嫌疑人犯数罪……人民检察院提出量刑建议时应当分别列明个罪量刑建议和数罪并罚后决定执行的刑罚的量刑建议。"

② 参见付磊《量刑建议改革的回顾及展望》，《国家检察官学院学报》2012年第5期。

诉意见时",①故实践中检察机关倾向于将量刑建议纳入《公诉意见书》中或者在庭审中直接以口头形式提出。然而，随着认罪认罚从宽制度实践的推进，认罪认罚案件量刑建议的提出时间被正式确立为"提起公诉时"，检察机关提出量刑建议的基本形式也被相应地确立为书面形式。2016年"两高三部"《试点办法》第十一条规定，人民检察院向人民法院提起公诉时，应当直接在《起诉书》中提出量刑建议，而不是另行提出《量刑建议书》或者在当庭发表公诉意见时提出量刑建议。2019年"两高三部"《指导意见》第三十二条指出，人民检察院向人民法院提起公诉时，既可以直接在《起诉书》中提出量刑建议，也可以单独制作《量刑建议书》。2021年最高人民检察院《量刑建议指导意见》第三十一条提出，人民检察院一般应当制作《量刑建议书》，与《起诉书》一并移送人民法院。显然，无论是在《起诉书》中提出量刑建议，还是在《量刑建议书》中提出量刑建议，其实质均是要求检察机关以书面形式提出认罪认罚案件中的量刑建议。

三　量刑建议适用效力的实质化

量刑建议权的适用效力，是指检察机关对刑事案件行使量刑建议权所引发的法律效果。量刑建议的法律效果是检察机关量刑建议制度的重要组成部分。作为一项法律行为，量刑建议的作出必然会产生相应的法律后果，否则量刑建议在整个刑事诉讼活动中便失去

---

① 在过往的量刑改革中，刑事立法及司法解释并未对一般刑事案件中量刑建议的提出时机予以明确规定，而实务界多倾向于在"发表公诉意见时"提出量刑建议。基本理由是，以相互"对抗"为主要诉讼立场的控辩双方于庭审前无法全面了解案件事实及量刑证据，由此易导致检察机关庭前所作量刑建议与庭审调查情况不相符合。而且，因检察机关是代表国家而非个人行使量刑请求权，故检察机关量刑请求权的内容不能随意变更，否则将有损及检察机关客观、公正的形象。参见庞良程《量刑建议制度可行性研究》，《国家检察官学院学报》2002年第4期。

了价值与意义。① 从一般刑事案件到认罪认罚案件，检察机关量刑建议权适用效力的实质化特征日益凸显。

第一，量刑建议对辩护方的适用效力从"辩论"向"遵守"转化。在认罪认罚从宽制度改革之前，检察机关所享有并行使的量刑建议权具有拓展辩论空间的效力。长久以来，我国的刑事法庭辩论紧紧围绕定罪问题展开，而缺乏对量刑建议与量刑理由的关注与探讨。尔后"对抗式"诉讼模式的确立，不仅关注在形式层面增加控辩双方庭审的平等性与对抗性，而且注重在实质层面拓展控辩双方庭审辩论的对象范畴。据此，检察机关开始积极探索量刑建议制度，以便在更大范围内增强控辩双方之间的对抗、提高量刑的公正性和透明度。譬如，2010年最高人民检察院《量刑建议工作指导》第十五条规定，在法庭审理阶段，被追诉人及其辩护人不仅可就定罪问题提出辩护意见，还可以视检察机关所提量刑建议为"靶子"进行有理由地辩驳，从而争取审判机关在事实和法律的范围内作出对己最为有利的刑罚裁判。② 但是，自认罪认罚从宽制度改革以来，随着控辩双方对抗态势的缓和与合作关系的形成，由检察机关与被追诉方经交互协商后达成的量刑建议开始引发被追诉方认真遵守的法律效果。概括来说，一方面，认罪认罚的被追诉人应当签署认罪认罚具结书。2016年"两高三部"《试点办法》第十条第二款规定，"犯罪嫌疑人自愿认罪，同意量刑建议和适用程序的，应当在辩护人或者值班律师在场的情况下签署具结书"。随后，2018年《刑事诉讼法》正式将该条规定入法。在司法实践中，被追诉人多是在辩护人或者值班律师的见证下，单方签署由检察机关事先拟定的认罪认罚具结书，且基本不存在修正量刑建

---

① 参见樊崇义、杜邈《检察量刑建议程序之建构》，《国家检察官学院学报》2009年第5期。

② 参见樊崇义、杜邈《检察量刑建议程序之建构》，《国家检察官学院学报》2009年第5期。

议的情形。① 另一方面，限制认罪认罚的被追诉人对已签署认罪认罚具结书的异议权。2018 年《刑事诉讼法》第二百零一条第二款规定，"人民法院经审理认为量刑建议明显不当，或者被告人、辩护人对量刑建议提出异议的，人民检察院可以调整量刑建议"。2019 年"两高三部"《指导意见》第四十一条及 2021 年最高人民检察院《量刑建议指导意见》第三十二条在上述条文的基础上，分别增加了被追诉方对量刑建议提出异议应当具备"有理有据"和"异议合理"的前提条件。从上述条文的细微变化之处可以发现，对于国家是否应赋予认罪认罚者对认罪认罚具结书以异议权这一问题，现行立法及司法解释的立场逐渐实现了从未予限制到明确限制的转变。不仅如此，实践中大量存在以抗诉方式反向制约被追诉人行使认罪认罚具结书异议权的情形。② 由此，在认罪认罚案件中，被追诉方就量刑问题与检察机关达成合意后，原则上即应遵守该量刑建议。

第二，量刑建议对审判方的适用效力从"参考"向"尊重"转化。在以往的审判实践中，量刑被视为以法院为主体的刑事审判活动。在庭审过程中，法官根据案件事实和相关法律，依法决定是否对被追诉人适用刑罚、适用何种刑罚与刑度，以及所判刑罚是否立即执行等。而量刑建议只是针对案件事实及量刑证据、由公诉人代表检察机关向法院提出的一个初步的量刑意见，其目的是为法院在审判阶段的刑罚裁量提供专业参照。③ 据此，在一般刑事案件中，检察机关所提量刑建议对审判方仅具有"参考"效力。然而，自认

---

① 参见孙长永、田文军《认罪认罚案件量刑建议机制实证研究——以 A 市两级法院适用认罪认罚从宽制度审结的案件为样本》，《西南政法大学学报》2021 年第 5 期。
② 参见张金科《认罪认罚从宽视阈下的量刑困境与优化路径》，《北京社会科学》2020 年第 7 期。
③ 参见林喜芬《论量刑建议的运行原理与实践疑难破解——基于公诉精密化的本土考察》，《法律科学》2011 年第 1 期。

罪认罚从宽制度改革以降，检察机关所提量刑建议对审判方的适用效力逐步向"尊重"转化。2018年《刑事诉讼法》第二百零一条对此予以了明确规定。一方面，根据该条第一款的规定，对于认罪认罚案件，除了特定情形外，人民法院应当采纳人民检察院指控的罪名和量刑建议。认罪认罚从宽制度试点期间，检察机关量刑建议的采纳率为96.03%，[①]且部分地区在一段时间内几乎达致100%。[②]另一方面，根据该条第二款的规定，对于认罪认罚案件，人民法院主动或者被动发现检察机关量刑建议系属明显不当的，应当建议检察机关调整量刑建议。只有当检察机关拒绝调整量刑建议或者调整后的量刑建议仍有不当的，人民法院才可径行作出判决，否则仍应采纳检察机关调整后的量刑建议。在司法实践中，基于"明显不当"标准不明、检察机关事后抗诉[③]等原因的考虑，人民法院对量刑建议的调整率总体呈现较低水平。[④]综上，在认罪认罚案件中，人民法院在绝大多数情况下应当对控辩双方达成的量刑合意予以尊重。

第三节　认罪认罚案件量刑建议权的演变逻辑

从本质上看，认罪认罚案件量刑建议权规范构造的变化所反映

[①] 参见朱孝清《认罪认罚从宽制度对检察机关和检察制度的影响》，《检察日报》2019年5月28日第3版。

[②] 参见胡云腾《完善认罪认罚从宽制度改革的几个问题》，《中国法律评论》2020年第3期。

[③] 2021年最高人民检察院颁行的《人民检察院办理认罪认罚案件开展量刑建议工作的指导意见》第三十七条明确规定："人民法院违反刑事诉讼法第二百零一条第二款规定，未告知人民检察院调整量刑建议而直接作出判决的，人民检察院一般应当以违反法定程序为由依法提出抗诉。"非但如此，实践中还普遍存在着一种反向制约人民法院调整或者不采纳量刑建议的策略，即"只要法院拟不按量刑建议下判，就必须与检察院事先沟通，若未通知检察院径行在量刑建议之外作出判决，检察院应当提起抗诉。"参见陈卫东《认罪认罚案件量刑建议研究》，《法学研究》2020年第5期。

[④] 参见孙长永、田文军《认罪认罚案件量刑建议机制实证研究——以A市两级法院适用认罪认罚从宽制度审结的案件为样本》，《西南政法大学学报》2021年第5期。

的正是检察机关量刑建议权的扩张实质。从一般刑事案件到认罪认罚案件，检察机关的量刑建议权逐渐呈现出从"无"到"有"、由"弱"到"强"的变化，且于实践中易招致检察机关权力滥用的风险。

一　量刑建议权的扩张实质

认罪认罚案件量刑建议权的变革包括纵向扩张与横向扩张两个维度，且分别以从"无"到"有"、由"弱"到"强"为内核。

（一）量刑建议权的从"无"到"有"

从历史轴线来看，对于具体量刑问题，我国检察机关的公诉实践大体经历了三个重要阶段。一是"无量刑建议"阶段。在 1996 年《刑事诉讼法》修改之前，检察机关往往仅就定罪问题向人民法院提起诉讼，而不涉及量刑问题。具体来说，在起诉书中，检察机关倾向于详细叙述被追诉人的犯罪事实、犯罪性质、触犯罪名等与定罪密切相关的问题，而在具体量刑上则多呈现"请求人民法院依据某条款的法定刑科以刑罚""请求人民法院依法从重（轻）、减轻处罚"等表述。[①] 显然，这种过于笼统的量刑请求，实际上反映的是这一阶段检察机关量刑建议的缺失。二是"形式量刑建议"阶段。自 1996 年《刑事诉讼法》修改之后，部分基层检察院自发开展量刑建议改革探索，并最终获得了最高人民检察院的正式认同。然而，这一阶段的量刑建议呈现出鲜明的过渡性特征。具体而言，该阶段的检察机关通常以前一阶段的方式提出概括的量刑建议，或者提出接近于法定刑区间幅度的量刑建议。不仅如此，该阶段的检察机关大多在庭审过程中直接以口头形式提出量刑建议，而未付诸正式的书面形式。显然，这种粗线条、非正式的量刑建议充斥着浓厚的形式化色彩。三

---

① 参见杨兴培、王寨华《论刑事诉讼中公诉机关的量刑请求》，《法学》1999 年第 1 期。

是"实质量刑建议"阶段。自认罪认罚从宽制度改革以来,检察机关开始尝试提出精准化量刑建议,或者提出区间幅度较小的量刑建议,且所有量刑建议均以《起诉书》或《量刑建议书》等书面形式作出。由此,以内容精准、外观正式为内核的实质量刑建议得以真正确立。

从"无量刑建议"阶段到"形式量刑建议"阶段,再到"实质量刑建议"阶段,检察机关的量刑建议权逐渐实现了从"无"到"有"的转变。大体而言,检察机关依法行使的公诉权包括两方面内容,一是请求人民法院对检察机关指控的犯罪事实、犯罪性质等予以确认,二是请求人民法院在确认检察机关指控犯罪的基础上,对被追诉人予以刑事制裁。[①] 前者为定罪请求权,后者为量刑请求权,二者均属于公诉权的具体权能,且共同构成了完整意义上的司法请求权。然而,在"无量刑建议"阶段,由于检察机关视刑罚裁量权为人民法院的专属权力,故其在行使公诉权的过程中,仅注重对定罪请求权的行使,而将量刑问题完全付诸人民法院,并最终导致该阶段检察机关量刑建议权的缺失。与之相似,在"形式量刑建议"阶段,检察机关针对普通刑事案件提出过大幅度的量刑建议、以非正式形式提出量刑建议等做法,并没有改变过往人民法院专享刑罚裁量权的实质,其本质仍然是检察机关量刑建议权的虚无化。与前两个阶段不同,在"实质量刑建议"阶段,检察机关针对认罪认罚案件提出精准化量刑建议、以书面形式提出量刑建议等做法,起到了充分限制人民法院刑罚决断权的作用,由此检察机关的量刑建议权得以切实凸显。实际上,从世界范围来看,早期的西方国家并没有赋予检察机关以量刑建议权,直到近代以来,在启蒙主义思想的影响下,英美法系国家及大陆法系国家检察机关的量刑建议权才得到了实质确立与发展。例如,

---

① 参见庞良程《量刑建议制度可行性研究》,《国家检察官学院学报》2002年第4期。

在辩诉交易程序中，美国的检察官可以提出具体的量刑建议，且通常情况下会获得法官的认可。又如，法国的检察官作为"社会利益的维护者"，可以在法庭上提出对被追诉人免予起诉或者免予刑罚的具体的量刑建议。再如，德国的检察官作为"法律真实的维护者"，可以在法庭上提出有利于或者不利于被追诉人的具体的量刑建议。①

（二）量刑建议权的由"弱"到"强"

从控辩双方的关系变化来看，从一般刑事案件到认罪认罚案件，检察机关的量刑建议权开始实现从"弱"到"强"的转变。具体而言，一方面，被追诉方对量刑建议由"辩论"到"遵守"的态度演变，奠定了检察机关量刑建议权日渐强化的基础。在一般刑事案件中，控辩双方之间存在着彼此对立的关系，检察机关单方提出的量刑建议对被追诉方不构成任何约束；相反，被追诉方往往通过辩驳量刑建议的方式，形成对检察机关量刑建议权的有力制约。无疑，此时检察机关的量刑建议权权能较弱。与之相对，在认罪认罚案件中，控辩双方之间存在着积极合作的关系，二者经协商后达成的量刑建议开始对被追诉方形成强力拘束。相应，被追诉方大多通过遵守量刑建议的方法，减弱对检察机关量刑建议权的外部制约。显然，此时检察机关的量刑建议权开始强化。另一方面，认罪认罚具结书的单方属性与异议限制，凸显了检察机关量刑建议权逐步强化的实质。一者，认罪认罚具结书的签署体现的是量刑建议对被追诉方的单方限制。从"具结书"一词来看，其指向的是被追诉人单方面向办案机关提交的保证书。既然具结书是被追诉人单方面出具的保证书，就只能约束签署具结书的被追诉人。② 在司法实践中，值班律师的见证人立场进一步强化了认罪认罚具结书的单方属性。二者，认罪认罚具结书的异议限制增强了量刑建议对被追诉方的实际拘束。2019 年"两高三

---

① 参见陈岚《西方国家的量刑建议制度及其比较》，《法学评论》2008 年第 1 期。
② 参见魏晓娜《结构视角下的认罪认罚从宽制度》，《法学家》2019 年第 2 期。

部"《指导意见》增加被追诉方对量刑建议提出异议应当具备"有理有据"的条件,2021年最高人民检察院《量刑建议指导意见》明确被追诉方对量刑建议提出异议应当达致"异议合理"的标准,实践中检察机关以抗诉方式反向抑制被追诉方异议权行使等做法,于无形中加深了量刑建议对被追诉方的约束程度。无论是认罪认罚具结书的单方属性,还是认罪认罚具结书的异议限制,均体现出认罪认罚案件中辩护方议刑权的抑制与控诉方求刑权的扩展。综上,检察机关的量刑建议权强势初显。

从检法之间的地位消长来看,从一般刑事案件到认罪认罚案件,检察机关的量刑建议权逐渐完成了从"弱"到"强"的转变。在过往的司法实践中,量刑建议仅是检察机关行使公诉职权的必要组成部分,并不能构成对法官刑罚裁量权的强力制约。也就是说,对于一般刑事案件,检察机关的量刑建议对法官的刑罚裁量不具有强制拘束力,法官对于是否采纳、在多大程度上采纳检察机关的量刑建议享有最终的决定权。[①] 无疑,此时检察机关的量刑建议权权能较弱。但是,2018年《刑事诉讼法》第二百零一条的新增规定,意味着检察机关的量刑建议开始对法院的刑罚裁判产生实质性影响。一方面,人民法院一般应当采纳检察机关量刑建议的规定,从正向角度明确了认罪认罚案件量刑建议对人民法院的拘束力。《刑事诉讼法》第二百零一条第一款包含"原则采纳"与"例外不采"两部分内容,其中"例外不采"中的五种法定情形实质等同于认罪认罚从宽制度的排除条件。由是,该条款演变为只要符合认罪认罚从宽制度适用条件的案件,人民法院即应采纳检察机关的量刑建议。[②] 不难发现,认罪认罚案件中检察机关所提量刑建议强制性增

[①] 参见姜涛《量刑建议制度研究》,《甘肃政法学院学报》2009年第5期。
[②] 参见闫召华《论认罪认罚案件量刑建议的裁判制约力》,《中国刑事法杂志》2020年第1期。

强，人民法院刑罚裁量空间明显受限。另一方面，人民法院拒绝采纳量刑建议前置程序的规定，从事后角度保障了认罪认罚案件量刑建议对量刑结果的主导性。《刑事诉讼法》第二百零一条第二款表明，对于认罪认罚案件，人民法院认为量刑建议明显不当时，不能直接作出改判，而应给予检察机关调整量刑建议的机会。一者，"明显不当"标准模糊，使得人民法院难以准确启动认罪认罚案件量刑建议调整程序，加之检察机关惯以抗诉方式反制人民法院量刑裁量权的施展，人民法院调整量刑建议的积极性明显不足。二者，有关人民法院不得在未征求检察机关调整意见的情况下径行改判的规定，实质上是给予检察机关以最大限度的尊重，检察机关所提量刑建议已逐渐具备"准终局性"效力。不管是量刑建议的正向采纳，还是量刑建议的反向调整，均展现出认罪认罚案件中人民法院审判权的收缩与公诉机关检察权的扩充。至此，检察机关的量刑建议权强势凸显。实际上，我国检察机关公诉权的这一变化与域外国家检察机关公诉权的发展趋势基本相符。在英美法系国家，认罪案件中的检察官从"一方当事人"演变为"法官之前的法官"；在大陆法系国家，认罪案件中的检察官从承担客观义务的"站着的法官"演变为刑事诉讼中的"准司法官"。在这些国家，检察官对于诉讼进程和案件结果施加了更为实质性抑或终局性的影响力。[①]

二 量刑建议权的变革风险

实际上，"在我国刑事立法快速扩张，刑事诉讼人数爆发式增长的趋势下，通过扩大检察裁量权来调节刑事司法政策、标准、力度和节奏，更好地实现刑事法体系在社会治理中的作用，是当代世

[①] 参见熊秋红《域外检察机关作用差异与自由裁量权相关》，《检察日报》2019年4月22日第3版。

界各国刑事司法制度的规律"①。但是,"一切有权力的人都容易滥用权力,这是万古不变的一条经验。有权力的人们使用权力一直到遇有界限的地方才休止"②。由此,从一般刑事案件到认罪认罚案件,量刑建议权从"无"到"有"、由"弱"到"强"的扩张变化,于实践中极易招致检察机关权力滥用的风险。

第一,认罪认罚案件中量刑建议权的无限扩张,容易诱发量刑不公的实践难题。在法律层面,由于对认罪认罚量刑情节与既有量刑情节关系的界定不明、对认罪认罚案件量刑从宽幅度标准的规定不精,致使检察机关缺乏提出公正量刑建议的前提。③ 在事实层面,认罪认罚案件量刑建议提出的时间节点从"发表公诉意见时"提前至"提起公诉时",由于审查起诉阶段检察机关天然具备主体不中立、量刑信息不全面等缺陷,导致量刑建议与公正结果间存在偏差。在经验层面,相较于人民法院,检察机关对量刑原理及知识的理解不够深刻与全面,其不具备独立决定认罪认罚案件量刑结果的能力,由此公正量刑难以落到实处。需要说明的是,量刑建议精准化本身扩张了检察机关的权力范畴,却并不会直接引发检察机关权力滥用的后果,但在上述法律问题、事实问题及经验问题犹存,且控辩关系、检法关系未得到妥善处理的情况下,若贸然赋予检察机关提出精准化量刑建议的权力,极易冲击刑罚裁量的基本底线,违背罪刑法定原则和罪责刑相适应原则的基本要求。

第二,认罪认罚案件中量刑建议权的过度扩张,极易动摇认罪

---

① 杨先德:《检察官在具体案件办理中的职责与行为界限》,《检察日报》2019年4月22日第3版。
② [法]孟德斯鸠:《论法的精神》(上册),张雁深译,商务印书馆1961年版,第154页。
③ 参见李振杰《困境与出路:认罪认罚从宽制度下的量刑建议精准化》,《华东政法大学学报》2021年第1期。

认罚从宽制度的正当性根基。从量刑信息选用来看，由于控辩双方之间存在"信息不对称"和"资源不对等"等现实问题，①检察机关对量刑信息来源及量刑信息属性几乎全面主导。不仅如此，由于司法实践中长期存在"证据开示虚无化"和"告知程序形式化"等固有难题，被追诉方对量刑事实信息及量刑法律信息的获取与理解极度匮乏。就量刑协商过程而言，基于职权主义的诉讼模式及提效增速的实践导向，检察机关在认罪认罚案件量刑建议的生成过程中占据压倒性优势。非但如此，鉴于立法与司法双向层面对值班律师基本权利保障不足，实践中出现了值班律师在认罪认罚案件中"参与率"与"参与度"双低的局面。据此，认罪认罚案件中控辩双方对于量刑建议影响力度的实质不对等直接损及被追诉人认罪认罚的自愿性与具结书的真实性、合法性，且易撼动认罪认罚从宽制度的正当性根基。

第三，认罪认罚案件中量刑建议权的极度扩张，实质背离了"以审判为中心"的诉讼体制改革。第一，检察机关量刑建议权的扩张易侵蚀人民法院的审判权。根据《宪法》第一百三十一条和第一百四十条的基本精神，量刑权作为审判权的下位概念，其属于人民法院独立行使的权力，检察机关可以通过量刑建议制约人民法院的量刑权，但不可予以直接限制。然而，"一般应当"的效力标准使得检察机关的量刑建议权已然进入审判权的控制领域，挤占人民法院的刑罚裁量空间。第二，检察机关量刑建议权的扩张易使得刑事庭审流于形式。随着检察机关所提量刑建议对审判结果的影响日益实质化，实践中一审量刑建议审查程序走过场、二审书面审理方式常态化以及量刑裁判说理空白化等现象频发，整个庭审程序流于形式，人民法院的权威性与公信力受损。第三，检察机关量刑建议

---

① 参见龙宗智《完善认罪认罚从宽制度的关键是控辩平衡》，《环球法律评论》2020年第2期。

权的扩张极易冲破公正的最后防线。作为认罪认罚程序的最后一道关口，人民法院不仅应审查被追诉人认罪认罚自愿性及认罪认罚具结书的合法性、真实性，还应审查罪名和量刑建议是否适当。但是，过场化的庭审程序显然无法实质审查认罪认罚案件是否具备真实合法的事实基础与证据基础，更无法担负对程序性权利受损的被追诉人提供救济平台的重任。

第四节 认罪认罚案件量刑建议权的规制意义

众所周知，量刑建议既涉及刑事实体法问题，也涉及刑事程序法问题，故可以尝试从实体与程序两个维度出发，对检察机关的量刑建议权进行规制，以全面保障认罪认罚案件量刑建议制度科学化、合理化目标的实现。

一 实体规制意义

从刑事实体法的角度出发，认罪认罚案件中的量刑建议包括两方面内容：一是量刑建议的适用依据，即"认罪认罚"量刑情节；二是量刑建议的适用结果，即"从宽"量刑结果。准确界定"认罪认罚"量刑情节的基本内涵及"从宽"量刑结果的基本限度，是合理规制检察机关量刑建议权的重要手段，也是认罪认罚案件量刑建议科学提出的重要保障。

一方面，清晰界定"认罪认罚"量刑情节的内涵外延，是认罪认罚案件量刑建议公正作出的前提。虽然2018年《刑事诉讼法》与2019年"两高三部"《指导意见》对认罪认罚案件中的"认罪""认罚"等概念予以了规定，但其仍有诸多未尽之处。例如，既有规定对"认罪认罚"量刑情节基本含义的表述仍存异议，对"认罪认罚"量刑情节载体独立性及独立程度的解读仍待明晰。正因为如此，实践中检察机关可以根据自身需要恣意决定某一案件是否属于认罪认罚案件，也可以根据实际需求随意调节认罪认罚量刑情节对从宽结果的影响幅度，由此导致认罪认罚案件中的量刑建议缺乏公正提出的前提，且实际认罪认罚者的从宽权益无法得到切实保障。是故，有必要对"认罪认罚"量刑情节的基本属性、"认罪认罚"量刑情节与相似量刑情节的关系、"认罪认罚"量刑情节与相似量刑情节的适用等直接影响量刑建议"从宽"的问题进行准确界定，以确保检察机关在认定认罪认罚案件、确定量刑从宽幅度时有法可依，继而夯实认罪认罚案件量刑建议公正作出的基础，保障被追诉人认罪认罚后的量刑从宽预期落到实处。

另一方面，明确界定"从宽"量刑结果的基本限度，是认罪认罚案件量刑建议公正作出的关键。认罪认罚从宽制度改革开展后的较长时间内，有关立法文件和司法解释并未对认罪认罚案件中"从宽"量刑结果的合理限度予以明确规定，虽然2021年最高人民法院、最高人民检察院联合发布的《关于常见犯罪的量刑指导意见（试行）》（简称《量刑指导意见》）对认罪认罚量刑从宽的最高幅度予以特别规定，但该规定因未阐明数据背后的理论基础致使对具体案件指导力度不足。在这种情况下，检察机关实际上完全享有了决定认罪认罚应否量刑从宽、认罪认罚量刑从宽幅度等问题的权力，实践中开始大量出现应予量刑从宽而不予从宽，以及量刑从宽幅度过大或者过小的情形。显然，赋予检察机关对认罪认罚案件量刑从宽问题以过大幅度的自由裁量权，不利于认罪认罚案件量刑建议个案公正与比较公正的实现，并将最终有损于检察机关司法公信力的长效提升。因此，有必要对"从宽"量刑结果的情节载体、从宽幅度、适用效力等内容进行准确界定，以确保检察机关在决定认罪认罚应否量刑从宽、认罪认罚量刑从宽幅度时有章可循，进而为认罪认罚案件量刑建议的公正提出、认罪认罚者量刑从宽权益的充分实现提供保证。需要注意的是,有关认罪认罚案件中量刑从宽合理限度的界定应当包括量刑从宽的"最高限度"与量刑从宽的"最低限度"两方面内容。

二 程序规制意义

从刑事程序法的视角来看,认罪认罚案件中的量刑建议包括两方面内容:一是量刑建议的协商机制,即量刑建议的形成机理;二是量刑建议的审查机制,即量刑建议的采纳机理。妥善建构认罪认罚案件量刑建议的协商机制与审查机制,是合理规制检察机关量刑建议权的有效途径,也是认罪认罚从宽制度稳健运行的重要支撑。

一方面,合理建构认罪认罚案件量刑建议的协商机制,是对认罪认罚的犯罪嫌疑人、被告人之合法权益的重要保障。在"诉讼体制效率化"基本理念的影响下,现有刑事立法并未对认罪认罚案件量刑建议的协商机制作出明确的制度安排,相关司法解释也未对控辩双方如何达成量刑建议协商一致这一问题予以明确阐释。与之相应,在具体案件的适用中,认罪认罚案件量刑建议协商机制缺失现象普遍存在,大量存在的"单方决断式"量刑建议形成机制遵循了"强化国家机关权力主导、物化被追诉人主体地位"这一案件处理模式的基本思路,无法保障被追诉人认罪认罚的自愿性和具结书的真实性、合法性。因此,只有对认罪认罚案件量刑建议的协商机制进行合理建构,即明确认罪认罚案件量刑建议的"控辩合意"实质、否定认罪认罚案件量刑建议的"单方决断"属性,[①] 才能真正实现对检察机关量刑建议权的有效规制,以及对认罪认罚者量刑从宽权益的有效保障。

---

① 参见吴宏耀《凝聚控辩审共识 优化量刑建议质量》,《检察日报》2019年6月10日第3版。

另一方面，规范建构认罪认罚案件量刑建议的审查机制，是对"以审判为中心"诉讼体制改革的有力回应。在"提高诉讼效率"和"维护社会稳定"双重改革目标的作用下，刑事立法及司法解释均未对认罪认罚案件量刑建议的审查程序予以细化规定，相反，其均明确要求人民法院"一般应当"采纳检察机关提出的量刑建议。与之相应，从审判实践来看，人民法院存在一审程序审查失范、二审程序审查乏力等现实问题，认罪认罚案件量刑建议的审查机制陷入缺位状态。在此种情形下，人民法院对检察机关量刑建议权的拘束力降至最低，检察机关大权独揽的局面基本形成。据此，只有对认罪认罚案件量刑建议的审查机制予以合理建构，即理性建构认罪认罚案件的一审审查程序和二审审查程序，才能最终实现对检察机关量刑建议权的有效规制，保障认罪认罚案件刑罚裁量的公正底线，并达成对"以审判为中心"诉讼体制改革的有力回应。

小结

在我国的刑事诉讼模式由"审问式"到"对抗式"再到"合作式"的变革背景下，从一般刑事案件到认罪认罚案件，量刑建议的提出方式趋于精准化、量刑建议的表达形式逐步书面化、量刑建议的适用效力愈加实质化。认罪认罚案件量刑建议规范构造的变化反映出检察机关量刑建议权从"无"到"有"、由"弱"到"强"的发展趋势，且于实践中易招致检察机关权力滥用的风险。因此，有必要从实体与程序两个维度对检察机关的量刑建议权进行规制，以促成认罪认罚案件量刑建议的公正作出、保障认罪认罚被追诉人的合法权益、巩固"以审判为中心"的改革成果。

第二章
实体规制（一）：认罪认罚作为独立量刑情节的理论证成

明确认罪认罚案件量刑建议的实体标准，是检察机关量刑建议权规范行使的重要手段，也是认罪认罚案件量刑建议科学提出的重要保障。在刑事法治思维日臻成熟与刑事立法技术逐步提升的背景下，如何正确理解认罪认罚案件量刑建议的适用依据，是认罪认罚案件量刑建议实体标准理性建构的首要问题，也是认罪认罚案件量刑建议公正作出的基本前提。

认罪认罚案件量刑建议的作出是以被追诉人"认罪认罚"为基础的。作为认罪认罚案件量刑建议的适用依据，"认罪认罚"是否属于独立的量刑情节、"认罪认罚"与相似量刑情节之间存在何种关系、"认罪认罚"与相似量刑情节并存时应如何进行评价等，直接影响着量刑建议"从宽"的适当与否，以及认罪认罚者的量刑从宽预期能否落到实处，故是应予以重点探讨的理论问题。对此，理论界与实务界已经进行了诸多有益研讨，其中不乏真知灼见。但经仔细分析发现，当前理论界与实务界对"认罪认罚"量刑依据的理解存在较大分歧。与之相应，虽然2018年《刑事诉讼法》正式将认罪认罚从宽制度纳入规制范畴，且2019年"两高三部"《指导意见》在"适用范围和适用条件"部分对何为"认罪"、何为"认罚"进行了较为详细的规定，但是，既有规定对"认罪认罚"载体独立性及独立程度的解读仍待明晰。显然，对"认罪认罚"量刑依据予以模糊界定，不仅会严重影响检察机关量刑建议的公正作出，也必将全面制约认罪认罚从宽制度改革的实质进程。

笔者认为，"认罪认罚"是一项有别于既有量刑情节的独立量刑情节。基于这一立场，本章尝试对"认罪认罚"与相似量刑情节的关系、"认罪认罚"与相似量刑情节的评价等与认罪认罚案件量刑建议"从宽"密切相关的问题进行逐一回应。

第一节　认罪认罚作为独立量刑情节的内在根据

对于"认罪认罚"应否属于独立的量刑情节这一问题，当前理论界与实务界存在不同认识。有观点认为，认罪认罚从宽制度是一个集合性的法律制度，它应以一系列具体的制度作为支撑，在我国现行法律体制下，其囊括了坦白、自首、缓刑、减刑、假释等具体制度。换言之，司法体制改革背景下的认罪认罚从宽制度具有内容上的空泛性，其基本功能的实现有赖于业已存在的具体法律制度。由此，"认罪认罚"并非一项独立的量刑情节，而是对既有量刑情节的集合与重述。[1] 也有观点认为，"认罪认罚"与既有趋轻量刑情节分别是由程序法和实体法所确立的、独立的量刑情节，二者不可相互替代。[2] 面对上述理论分歧，有必要首先探讨"认罪认罚"的基本定位及内在根据。

---

[1] 相关论述参见顾永忠《关于"完善认罪认罚从宽制度"的几个理论问题》，《当代法学》2016年第6期；秦宗文《认罪认罚从宽制度实施疑难问题研究》，《中国刑事法杂志》2017年第3期；杨立新《认罪认罚从宽制度理解与适用》，《国家检察官学院学报》2019年第1期。

[2] 相关论述参见肖中华《认罪认罚从宽适用三题》，《检察日报》2019年2月2日第3版；樊崇义《认罪认罚从宽与自首坦白》，《人民法治》2019年第1期；苗生明、周颖《认罪认罚从宽制度适用的基本问题——〈关于适用认罪认罚从宽制度的指导意见〉的理解和适用》，《中国刑事法杂志》2019年第6期。

一 "认罪认罚"情节独立的法律根据

通过梳理现行立法、司法解释的相关规定，我们可以发现，视"认罪认罚"为一项独立的量刑情节具备坚实的法律基础。2018年《刑事诉讼法》在第一章"任务和基本原则"部分新增第十五条规定，"犯罪嫌疑人、被告人自愿如实供述自己的罪行，承认指控的犯罪事实，愿意接受处罚的，可以依法从宽处理"。此后，《刑事诉讼法》又用大量篇幅规定了认罪认罚案件的适用范围、实施步骤等方面的内容。上述规定蕴含了积极推动认罪认罚从宽制度适用、充分发挥认罪认罚从宽制度功能的立法本意，也流露出将"认罪认罚"作为一项独立量刑情节的立法倾向。在此基础上，2019年"两高三部"《指导意见》对"认罪认罚"的根本属性与基本定位予以了明确规定。一方面，《指导意见》详细界定了"认罪""认罚"的基本含义，并进一步明晰了"认罪认罚"量刑依据与"从宽"量刑建议结果之间的因果关系。无疑，明确"认罪认罚"的实质内核、提升"认罪认罚"的量刑影响等举措，为"认罪认罚"量刑情节的独立化奠定了基础。另一方面，《指导意见》对"认罪认罚"与既有量刑情节进行了区分规定。《指导意见》第九条第二款指出，"对犯罪嫌疑人、被告人具有自首、坦白情节，同时认罪认罚的，应当在法定刑幅度内给予相对更大的从宽幅度"。显然，区别"自首""坦白"与"认罪认罚"，并给予"认罪认罚"以相对独立的量刑建议从宽的做法，是对"认罪认罚"量刑情节独立化的现实表达。随后，2021年最高人民检察院《量刑建议指导意见》充分认可并沿用了2019年"两高三部"《指导意见》的相关规定。值得注意的是，2021年最高人民法院、最高人民检察院《量刑指导意见》将"认罪认罚"作为"常见量刑情节"之十四，与"自首""坦白"等既有量刑情节并列出现，此举进一步确认了"认罪认罚"量刑情节的独立地位。①

二 "认罪认罚"情节独立的理论根据

从理论层面来看，所谓量刑情节，是指"在某种行为已经构成犯罪的前提下，法院对犯罪人裁量刑罚时应当考虑的，据以决定量刑轻重或者免除刑罚处罚的各种情况"。② 根据现行《刑法》有无明文规定，可将量刑情节划分为法定量刑情节与酌定量刑情节。在刑事实体法意义上，某一行为之所以被列入量刑情节的范畴，是因为其能确切反映出罪行的轻重及行为人再犯可能性的大小。由此，刑事立法将"自首""坦白"等与"认罪"相似的行为规定为法定量刑情节，以及将"退赃退赔""赔偿损失"等与"认罚"相似的行为规定为酌定量刑情节，多是出于刑事实体法意义的考虑，也就是说，因"自首""坦白""退赃退赔""赔偿损失"等情形均能准确反映出罪行轻重及行为人再犯可能性大小，故应将其纳入量刑情节的范畴，并对具体量刑产生实质影响。但是，"认罪认罚"除了具备上述刑事实体法意义以外，还具有重要的刑事程序法价值。2019年"两高三部"《指导意见》在"认罪认罚后'从宽'的把握"部分明确规定，认罪认罚后的"从宽"处理既包括实体上的从宽处罚，也包括程序上的从简处理。具体来说，在侦查阶段，被追诉人"认罪认罚"可以带来侦查机关适用非羁押性强制措施、对特殊案件作撤销处理等法律后果；在审查起诉阶段，被追诉人"认罪认罚"可能引发检察机关对特定案件作不起诉决定、向审判机关提出程序从简建议等处理结果；在审判阶段，被追诉人"认罪认罚"多会产生人民法院简化认罪认罚案件审理程序的适用效果。由

---

① 参见王芳、甘叠、刘念《认罪认罚量刑从宽实效研究——基于故意伤害罪轻罪的数据解读》，《山东大学学报》（哲学社会科学版）2022年第3期。
② 张明楷：《刑法学》，法律出版社2011年版，第502页。

于"认罪认罚"承载着"自首""坦白""退赃退赔""赔偿损失"等既有量刑情节所不具备的刑事程序法功能,即被追诉人"认罪认罚的权利减损及其实体补偿的价值意蕴",[①] 因此有必要将"认罪认罚"规定为独立的量刑情节,并给予其独立的量刑从宽比例,以彰显"认罪认罚"量刑情节所具有的丰富的程序价值意涵。

三 "认罪认罚"情节独立的效果根据

2019 年"两高三部"印发的《指导意见》对认罪认罚从宽制度的实施意义进行了阐释。《指导意见》在开篇处明确指出,"适用认罪认罚从宽制度,对准确及时惩罚犯罪、强化人权司法保障、推动刑事案件繁简分流、节约司法资源、化解社会矛盾、推动国家治理体系和治理能力现代化,具有重要意义"。而是否将"认罪认罚"确立为一项独立的量刑情节,直接关系着认罪认罚从宽制度的实施意义能否落到实处。具体而言,若将"认罪认罚"视为对"自首""坦白""退赃退赔""赔偿损失"等既有量刑情节的重述,会直接损及被追诉人对认罪认罚后获得更宽大、更有利量刑建议从宽结果的可能期待,并由此导致被追诉人对认罪认罚从宽制度的选择动力不足、积极性不高。如此,认罪认罚从宽制度的改革预期便难以实现。与之相反,若将"认罪认罚"视为区别于"自首""坦白""退赃退赔""赔偿损失"等既有量刑情节的独立量刑情节,则实质上保障了被追诉人认罪认罚后获取更大量刑减让结果的合理预期,有助于激励被追诉人诚心悔罪、积极认罚,促成认罪认罚者尽早回归社会的积极效果。[②] 如是,认罪认罚从宽制度的实施功效方可落实。进一步而论,一方面,承认"认罪认罚"量刑情节

[①] 陈实:《论认罪认罚案件量刑从宽的刑事一体化实现》,《法学家》2021 年第 5 期。
[②] 参见樊崇义《关于认罪认罚中量刑建议的几个问题》,《检察日报》2019 年 7 月 15 日第 2 版。

的独立价值,有利于激励那些原本不具备其他宽缓量刑情节的被追诉人积极选择认罪认罚,继而促进认罪认罚从宽制度适用、彰显认罪认罚从宽制度价值。另一方面,承认"认罪认罚"量刑情节的独立价值,有利于鼓励那些业已具备其他宽缓量刑情节的被追诉人通过认罪认罚的方式获得更大幅度的量刑建议从宽,从而促进宽严相济刑事政策之"宽缓"目标的实现、保障被追诉人合法诉讼权益的最大化。

基于以上理由,在未来的刑事立法改革中,有必要及时实现现行《刑法》与认罪认罚从宽制度的合理衔接,即通过将"认罪认罚"规定为法定量刑情节并纳入现行《刑法》中,为刑事程序法改革与刑事诉讼体系革新提供坚实有力的刑事实体法支撑。[①]

第二节 认罪认罚与相似量刑情节的关系

从静态视角来看,厘清"认罪认罚"与相似量刑情节的关系,是认罪认罚案件量刑建议公正作出的基础。从认罪认罚从宽制度的名称判断,"认罪"与"认罚"作为认罪认罚从宽制度适用的前提,如鸟之两翼、车之两轮,只有在同时具备且归集为"认罪认罚"的情况下,才能达致"从宽"的量刑建议结果。然而,从认罪认罚从宽制度的含义来看,由于"认罪"与"认罚"具有不同的内涵外延,"认罪认罚"可划分为"认罪"与"认罚"两个子情节。当前理论界与实务界普遍认为,"认罚"的表现形式之一是被追诉人退赃退赔、赔偿损失,由此,"认罚"与"退赃退赔""赔偿损失"等既有酌定量刑情节之间的关系较为清晰。但对于"认罪"与"自首""坦白"等既有法定量刑情节之间的关系,理论界

---

① 参见周光权《论刑法与认罪认罚从宽制度的衔接》,《清华法学》2019年第3期。

与实务界仍存有较大争议,故有作进一步阐释的必要。

一 现有观点评析

关于"认罪"与"自首""坦白"量刑情节之间的关系,当前理论界与实务界存在包含说与重合说两种观点。

(一)包含说

有观点认为,"认罪"与"自首""坦白"量刑情节之间存在着包含与被包含的关系。"包含说"的基本前提为,量刑建议中"认罪"的成立,不仅要求被追诉人承认被指控的事实,还要求其认可成立犯罪的全部构成要件,此中包括对被指控行为构罪性和具体触犯罪名的认可。[①] 除此之外,量刑建议中"认罪"的成立,应在满足上述"认罪"客观形式要件的同时,具备"悔过心理"这一主观实质要件。其中,"认罪"客观行为是建构"认罪"的重要前提,而"悔过心理"主观方面是认定"认罪"的关键核心。[②] "包含说"的潜在逻辑是,从客观方面出发,以"主要事实+行为性质+具体罪名"为认可对象的"认罪"包含以"主要事实"为承认对象的"自首""坦白"量刑情节;就主观方面而言,"认罪"所要求的主观"悔过心理"涵括"自首""坦白"量刑情节所要求的主观"自愿性";就适用阶段而论,被追诉人"认罪"与"自

[①] 相关论述参见韩红、谢思淼《认罪认罚从宽制度的实体法思考》,《学习与探索》2017年第1期;周新《认罪认罚从宽制度立法化的重点问题研究》,《中国法学》2018年第6期;山东省高级人民法院刑三庭课题组《关于完善刑事诉讼中认罪认罚从宽制度的调研报告》,《山东审判》2016年第3期;张全印《认罪认罚从宽量刑的规范化》,《人民司法》2017年第10期;杨静、李理《认罪认罚从宽制度适用解读》,《法律适用》2019年第19期。有关实践例如,2017年大连市中级人民法院、大连市人民检察院联合发布的《刑事案件认罪认罚从宽制度试点工作实施办法(试行)》第四条规定,"认罪是指犯罪嫌疑人、被告人自愿如实供述自己的罪行,对公诉机关指控的主要犯罪事实及罪名没有异议,并签署具结书"。

[②] 相关论述参见魏东、李红《认罪认罚从宽制度的检讨与完善》,《法治研究》2017年第1期;山东省高级人民法院刑三庭课题组《关于完善刑事诉讼中认罪认罚从宽制度的调研报告》,《山东审判》2016年第3期;何明田、芝春燕《刑事一体化下的认罪认罚从宽制度难题解决》,《中国检察官》2017年第11期。

首""坦白"的最早时间节点均应自侦查阶段伊始。据此,"自首""坦白"量刑情节的认定门槛低于"认罪认罚",即只要被追诉人构成"认罪",则一定构成"自首""坦白"。

然而,通过分析可知,该观点存在以下不足:一方面,被追诉人审判阶段的"认罪"并不能包含被追诉者审前阶段的"自首""坦白"量刑情节。另一方面,即使在审前阶段,"认罪"中的"如实供述自己的罪行"指向的是被追诉人"如实供述主要犯罪事实",而"自首""坦白"量刑情节中的"如实供述自己的罪行"则包括被追诉人"如实供述主要犯罪事实"和"如实供述身份事实"① 两方面的内容,此时"自首""坦白"量刑情节的范畴较之于"认罪"略大。综上,"包含说"有关"认罪"与相似量刑情节之间关系的认定有失偏颇。

(二) 重合说

有观点主张,"认罪"与"自首""坦白"量刑情节之间存在着相互重合的关系。"重合说"的前提立场为,量刑建议中"认罪"的成立,仅要求被追诉人对被指控的"主要事实"加以认可,对于"被告人只承认事实、但否认事实应定性犯罪的情形,成立认罪;否认有罪不应作为否定认罪成立的事由"。② 不仅如此,量刑建议中"认罪"的成立,无须具备"悔过心理"这一主观实质要件,而只需具备"自愿性"这一主观形式要件。③ "重合说"的基本逻

---

① 1998年最高人民法院发布的《关于处理自首和立功具体应用法律若干问题的解释》第一条规定:"如实供述自己的罪行,是指犯罪嫌疑人自动投案后,如实交代自己的主要犯罪事实。"此后,2010年最高人民法院颁行的《关于处理自首和立功若干具体问题的意见》第二条将"如实供述自己的罪行"的标准进一步明确为:"除供述自己的主要犯罪事实外,还应包括姓名、年龄、职业、住址、前科等情况。"

② 黄京平:《认罪认罚从宽制度的若干实体法问题》,《中国法学》2017年第5期。类似观点参见杨立新《认罪认罚从宽制度理解与适用》,《国家检察官学院学报》2019年第1期。

③ 相关论述参见陈瑞华《认罪认罚从宽制度的若干争议问题》,《中国法学》2017年第1期;欧秀珠、陈颖、裴章艺《认罪认罚从宽制度的现实困境及完善路径——以福建试点情况为研究基点》,《中国检察官》2018年第4期。

辑是，由于"认罪认罚从宽"的本质是"认罪从宽"，且在事实层面，"认罪"与"自首""坦白"量刑情节均只需要求"如实供述主要犯罪事实"这一内容；在主观层面，"认罪"与"自首""坦白"量刑情节均只需具备"自愿性"这一条件。因此，可直接将"认罪"与"自首""坦白"量刑情节等同视之。

但是，通过分析发现，该观点存在以下问题：一方面，在认罪认罚从宽制度中，"认罚"具有不依附于"认罪"的独立含义，故不可简单地将"认罪认罚从宽"的本质界定为"认罪从宽"。另一方面，虽然承认"犯罪事实"因有助于降低侦查机关的破案成本、减轻公诉机关的证明负担、简化审判机关的审理程序而更具证据价值，但认可"犯罪性质"则因能够体现被追诉人的真实悔罪意愿及复归社会可能而更具预防价值。"重合说"中有关"认罪"客观方面的认定显然过于注重"认罪"的证据意义却忽视了其具有的预防功能。综上，"重合说"有关"认罪"与相似量刑情节之间关系的认定明显片面。

二　情节关系展开

（一）情节概念界定

从前述争议看出，要正确理解"认罪"与相似量刑情节之间的关系，首先应从现行立法、司法解释出发，对"认罪""自首""坦白"等概念进行界定。根据《刑法》第六十七条第一款、第二款的规定，自首包括一般自首和特别自首两种情形。一般自首，是指犯罪嫌疑人犯罪以后自动投案，如实供述自己罪行的行为；特别自首，是指被采取强制措施的犯罪嫌疑人、被告人或者正在服刑的罪犯，如实供述司法机关还未掌握的本人其他罪行的行为。根据《刑法》第六十七条第三款的规定，坦白是指犯罪嫌疑人被动归案后，如实供述自己罪行的行为。其中，一般自首和坦白的主要区别在于，犯罪嫌疑人是否主动投案；特别自首和坦白的主要区别在于，犯罪嫌疑人是否如实供述司法机关还未掌握的本人其他罪行。结合2018年《刑事诉讼法》第十五条和2019年《指导意见》第六条的规定，认罪认罚案件中的"认罪"，是指犯罪嫌疑人、被告人如实供述自己的罪行，承认指控的犯罪事实的行为。

(二) 情节异同描述

通过界定"认罪""自首""坦白"等概念发现，"认罪"与相似量刑情节之间的共同构成要件要素是被追诉人"如实供述自己的罪行"。由于1998年最高人民法院颁布的《关于处理自首和立功具体应用法律若干问题的解释》第一条与2019年"两高三部"《指导意见》第六条均规定，如实供述自己的罪行，是指被追诉人自动投案或被动投案后，如实交代自己的主要犯罪事实。也就是说，被追诉人承认主要犯罪事实，而仅对个别事实情节提出异议的，不影响"认罪""自首""坦白"量刑情节的成立。因此，"认罪"与相似量刑情节之间的共同之处可进一步细化为被追诉人"如实供述主要犯罪事实"。

虽然"认罪"与"自首""坦白"量刑情节之间存在共同之处，但它们之间的区别也较为明显，具体表现在以下四个方面。

第一，指向对象不同。"认罪"所指向的对象为公安机关、检察机关对涉案行为的拟定评价，隐藏其后的是被追诉人的悔罪态度与可改造程度。但是，"自首""坦白"量刑情节所指向的对象则是被追诉人所实施的犯罪事实本身，隐藏其后的是自首、坦白行为所创造的效率价值。[①]

第二，客观含义不同。根据2018年《刑事诉讼法》第十五条的规定，"认罪"的基本内涵是被追诉人"如实供述自己的罪行"，

---

① 参见肖中华《认罪认罚从宽适用三题》，《检察日报》2019年2月2日第3版。

并且"承认指控的犯罪事实"。其中,"如实供述自己的罪行"主要是从事实层面对"认罪"的概念进行解读,而"承认指控的犯罪事实"倾向于从法律层面对"认罪"的含义进行界定。结合2019年"两高三部"《指导意见》第六条的规定,从事实层面上看,"认罪"所指向的是被追诉人"如实供述主要犯罪事实";从法律层面来看,"认罪"的成立不要求被追诉人承认"具体罪名",而是要求其对"被指控行为构罪性"予以认可。但是,根据《刑法》第六十七条的规定,"自首"量刑情节和"坦白"量刑情节所共有的核心要素为被追诉人"如实供述自己的罪行"。结合2010年最高人民法院颁布的《关于处理自首和立功若干具体问题的意见》第二条的规定,"如实供述自己的罪行"既包括"如实供述主要犯罪事实",也包括"如实供述身份事实"(包括姓名、年龄、职业、住址、前科等情况)。

第三,主观方面不同。大体而言,"认罪"的主观方面体现为"悔罪性"。检察机关之所以对作出"认罪"意思表示的被追诉人给予"从宽"的量刑建议,是出于被追诉人人身危险性降低与特殊预防必要性减少这一实质因素的考虑,而此实质因素真实存在与否不能仅从被追诉人是否"认罪"这一客观行为进行判断,还需要深入甄别被追诉人是否具备"悔罪性"这一主观心理。与之不同,"自首""坦白"量刑情节的主观方面体现为"自愿性"。《刑法》设立自首与坦白制度的初衷在于促使刑事案件得以迅速侦破与快速审判。因此,只要被追诉人基于自己的意志自动投案、如实供述自己的罪行等,即可认定为"自首"或"坦白",而无须要求被追诉人必须具备"悔罪性"这一主观心理。进一步而言,被追诉人可能基于多种多样的动机选择"自首""坦白",其中既包括悔罪心理,也不排除畏罪心理。

第四,适用阶段不同。由于认罪认罚从宽制度贯穿于刑事诉讼全过程，故"认罪"适用于刑事诉讼的各个发展阶段，也就是说，被追诉人在侦查阶段、审查起诉阶段、审判阶段均可"认罪"。与之相对，《刑法》将"坦白"行为的实施主体限定为"犯罪嫌疑人"，而因"犯罪嫌疑人"这一称谓的适用节点是检察机关向人民法院审查起诉前，故"坦白"量刑情节只适用于审前阶段。

三 情节交叉实质

对"认罪"与"自首""坦白"量刑情节的关系进行梳理后发现，"认罪"与相似量刑情节之间存在着交叉关系。总体来看，"认罪"与"自首""坦白"量刑情节之间既存在共性重叠，也保留有个性地带，两类量刑情节之间相互交叉。具体说来，在客观层面上，一者，虽然"认罪"与"自首""坦白"量刑情节均要求被追诉人"如实供述自己的罪行"，但"认罪"中的"如实供述自己的罪行"所指向的是被追诉人"如实供述主要犯罪事实"，而"自首""坦白"中的"如实供述自己的罪行"则包括"如实供述主要犯罪事实"和"如实供述身份事实"两方面内容；二者，"认罪"的成立除了应具备上述事实承认的内容以外，还需具备法律认可这一客观要件，而"自首""坦白"量刑情节则无此规定。在主观方面上，虽然"认罪"与"自首""坦白"量刑情节的成立均要求被追诉人出于"自愿性"这一主观心理，但有别于"自首""坦白"量刑情节主观方面的低标准，"认罪"还内含着被追诉人"悔罪性"这一主观层面的高要求。在适用阶段方面，"认罪"与"坦白"量刑情节的共有阶段为审前阶段，而审判阶段则为"认罪"所独有的适用区间。

综上，"认罪"与"自首""坦白"量刑情节之间存在着交叉关系，二者之间既有相同内容，也有不同之处。而"认罚"又因完全不同于"自首""坦白"情节可被归入到两类情节的不同之处中。由此可知,"认罪认罚"与"自首""坦白"量刑情节之间具备交叉关系。

第三节 认罪认罚与相似量刑情节的评价

在厘清"认罪认罚"与相似量刑情节之间静态关系的基础上,还应当对"认罪认罚"与相似量刑情节的动态适用予以关注。从动态视角出发,认罪认罚案件量刑建议是否适当,关键取决于检察机关对"认罪认罚"与相似量刑情节并存时的评价是否合理。

一 评价原则

（一）全面评价原则

全面评价原则是刑事司法裁量中必须遵守的一项重要原则。所谓"全面评价原则",是指司法机关在量刑过程中"应当对所有可能反映犯罪行为的社会危害性程度和犯罪人的人身危险性程度的主客观事实情况进行全面的考量"。① 由于"自首""坦白""认罪认罚"均属于反映犯罪人人身危险性程度的量刑情节,因此,检察机关在对"自首""坦白""认罪认罚"等量刑情节进行适用时,理应对其予以全面的考察与评价。2019年"两高三部"《指导意见》第九条及2021年最高人民检察院《量刑建议指导意见》第十四条即明确规定,对于既自首、坦白,又认罪认罚的被追诉人,应当在法定刑幅度内给予其相对更大的量刑从宽幅度。然而,司法实践中违背全面评价原则的做法大行其道并呈现出两种形态:一种是当"自首""坦白"量刑情节与"认罪认罚"并存时,检察人员只适

---

① 敦宁:《量刑情节适用的理论与实践》,中国人民公安大学出版社2012年版,第32页。

用"自首"或"坦白"量刑情节,而不再评价"认罪认罚"。另一种是当"自首""坦白"量刑情节与"认罪认罚"并存时,检察人员只适用"认罪认罚",而不再评价"自首"或"坦白"量刑情节。显然,上述做法因未能对所有趋轻量刑情节予以全面评价而易压缩被追诉人理应获得的量刑建议从宽幅度,这既不利于保障被追诉人的合法权益,也无益于宽严相济刑事政策之"宽缓"目标的实现。由此观之,当"自首""坦白"量刑情节与"认罪认罚"并存时,所有量刑情节均应得到评价,且所有量刑情节均应对认罪认罚案件中的量刑建议"从宽"产生影响。

(二) 禁止重复评价原则

禁止重复评价原则是刑事司法裁量中应当遵守的另一项重要原则。所谓"禁止重复评价原则",是指禁止对与定罪量刑有关的一切事实进行重复评价。① 该原则又包括"禁止犯罪构成要件要素在量刑时作为量刑情节进行重复评价"与"禁止对趋轻处罚量刑情节进行双重评价"两方面内容。② 由于"自首""坦白"与"认罪认罚"均属于趋轻处罚量刑情节,且两类量刑情节之间存在重合内容,因此,检察机关在对"自首""坦白""认罪认罚"等量刑情节进行适用时,应当避免对两类量刑情节的重合部分进行重复评价。2019年"两高三部"《指导意见》第九条即明确指出,"认罪认罚与自首、坦白不作重复评价"。2021年最高人民法院、最高人民检察院《量刑指导意见》在第三部分"常见量刑情节的适用"中又进一步重申,"认罪认罚与自首、坦白、当庭自愿认罪、退赃退赔、赔偿谅解、刑事和解、羁押期间表现好等量刑情节不作重复评价"。但是,在认罪认罚从宽制度改革中,经常出现检察人员对"自首""坦白"量刑情节与"认罪认罚"同时适用的情形,也大

---

① 参见聂慧苹《禁止重复评价之刑法展开与贯彻》,《中国刑事法杂志》2015年第3期。
② 参见熊秋红《中国量刑改革:理论、规范与经验》,《法学家》2011年第5期。

量存在检察人员将适用"自首"或"坦白"量刑情节所得的从宽幅度与适用"认罪认罚"所获的从宽幅度直接累计叠加形成最终量刑建议从宽的情况。显然，此类做法因对相似趋轻量刑情节的共有部分予以二次评价而易不当提升认罪认罚案件量刑建议从宽的幅度，并最终导致认罪认罚案件量刑建议的失衡。由此看来，当"自首""坦白"量刑情节与"认罪认罚"并存时，所有量刑情节只能得到一次评价，且所有量刑情节只能对认罪认罚案件中的量刑建议"从宽"产生一次影响。

二 评价方法

在对"认罪认罚"与相似量刑情节进行评价之前，应当首先明确"认罪认罚"与相似量刑情节并存的情况是否真实存在。譬如，当被追诉人实施"辩解"行为时，其是否既满足"自首"或"坦白"量刑情节的成立条件，又符合"认罪认罚"的基本要求，是有待明晰的问题。刑事诉讼中的"辩解"，是指被追诉人在认可主要犯罪事实的情况下，对行为性质、犯罪情节、定罪量刑等证据发表看法的行为。[1] 2004 年最高人民法院颁布的《关于被告人对行为性质的辩解是否影响自首成立问题的批复》指出，"被告人对行为性质的辩解不影响自首的成立"。据此，"辩解"行为并非被追诉人成立"自首"或"坦白"的阻却要件。然而，2019 年"两高三部"《指导意见》第六条提出，被追诉人"虽然对行为性质提出辩解但表示接受司法机关认定意见的，不影响'认罪'的认定"。由此，当被追诉人实施"辩解"行为但接受检察机关认定意见时，成立"认罪"；而当被追诉人实施"辩解"行为但拒绝检察机关认定意见时，不成立"认罪"。显然，对于前一种情况，被追诉人既构

---

[1] 参见赵恒《"认罪认罚从宽"内涵再辨析》，《法学评论》2019 年第 4 期。

成"自首"或"坦白",也构成"认罪认罚",故有继续探讨"认罪认罚"与"自首""坦白"量刑情节综合适用的必要;而对于后一种情况,被追诉人只成立"自首"或"坦白",而不构成"认罪认罚",故只需依照"自首"或"坦白"量刑情节的相关规定提出从宽建议即可。

在对"认罪认罚"与相似量刑情节并存的情况予以确认后,应当基于"全面评价原则"与"禁止重复评价原则"的精神,进一步明确对"认罪认罚"与相似量刑情节进行合理评价的方法与步骤。具体而言,一方面,对"认罪认罚"与相似量刑情节进行合理评价的方法主要包括两项:一是,应当淡化"综合全案情形"式的量刑减让规则,明确各个量刑情节对从宽幅度的影响。2021年最高人民法院、最高人民检察院《量刑指导意见》明确规定,"对于被告人认罪认罚的,综合考虑犯罪的性质、罪行的轻重、认罪认罚的阶段、程度、价值、悔罪表现等情况,可以减少基准刑的30%以下……"该规定实际采取的是一种结果导向、总量控制的方法,[①]无法确定各个量刑情节在量刑从宽中发挥的实际功效,在具体操作中极易违背"全面评价原则"的理念。二是,应当对"认罪认罚"与"自首""坦白"等从宽情节予以限制叠加适用。也就是说,在"禁止重复评价原则"的引导下,当被追诉人既认罪认罚,又自首、坦白的,应当同时适用"认罪认罚"与"自首""坦白"等从宽情节,但最终的从宽幅度应当介于"仅有认罪认罚、自首或坦白等情节与自首、坦白等情节和认罪认罚叠加适用之间"。[②] 另一方面,对"认罪认罚"与相似量刑情节进行合理评价的步骤主要包括四步:第一步,相关司法解释应当对"认罪认罚"与相似量刑情节

[①] 参见吴宏耀《认罪认罚从宽制度的体系化解读》,《当代法学》2020年第4期。
[②] 孙万怀、刘环宇:《论禁止重复评价的判断标准及其适用争议问题》,《法治研究》2022年第2期。

中的每个构成要件要素所可能获得的量刑从宽比例（幅度比例）予以量化规定。第二步，检察机关应当对"认罪认罚"与相似量刑情节中的共有构成要件要素所可能获得的量刑建议从宽比例（具体比例）予以实际确定。第三步，检察机关应当对"认罪认罚"与相似量刑情节中的特有构成要件要素所可能获得的量刑建议从宽比例（具体比例）予以分别确定。第四步，将前述共有构成要件要素获得的量刑从宽比例与特有构成要件要素获得的量刑从宽比例同向相加，即为检察机关最终所提的量刑建议从宽比例（具体比例）。需要注意的是，原则上，运用此种方法计算出的量刑建议从宽幅度不得逾越责任刑的基本底线，以坚守认罪认罚案件量刑建议的公正底线。但在特殊情况下，由于"在从轻情节竞合而对于量刑从宽的影响力极强的情况下，若仍选择从轻处罚，则不能更好地体现出从轻情节竞合时所具有的从宽价值"，① 故可以考虑将"认罪认罚"与"自首""坦白"等竞合后的从轻情节升格为减轻情节，从而最大限度地满足被追诉人对认罪认罚量刑从宽权益的追求。

小结

认罪认罚案件量刑建议实体标准理性建构的重要维度之一在于，正确理解认罪认罚案件量刑建议的适用依据。作为认罪认罚案件量刑建议的适用依据，"认罪认罚"是一项有别于既有量刑情节的独立的量刑情节。"认罪认罚"作为独立量刑情节具备坚实的法律根据、理论根据与效果根据。"认罪认罚"与"自首""坦白"量刑情节之间的共同构成要件要素是"如实供述主要犯罪事实"，但二者在指向对象、客观含义、主观内容及适用阶段

---

① 姜富权：《量刑情节竞合的适用问题》，《人民司法》1995 年第 7 期。

等方面存在较大不同，两类量刑情节之间存在交叉关系。检察机关应当依循"全面评价原则"与"禁止重复评价原则"的精神，明确对"认罪认罚"与相似量刑情节进行合理评价的方法与步骤。

第三章

实体规制（二）：认罪认罚案件量刑建议的从宽限度

第一节 量刑建议"从宽限度"的范围限定

一 研究视域：量刑建议的"最高限度"

在清晰界定"认罪认罚"量刑情节基本含义的基础上，如何正确理解"从宽"量刑结果的实质内涵，是认罪认罚案件量刑建议实体标准理性建构的另一项重要维度，也是合理规制认罪认罚案件中检察机关量刑建议权的关键因素。大体而言，认罪认罚案件中的"量刑从宽"①包括量刑从宽的"正当性根基"、量刑从宽的"合理限度"以及量刑从宽的"层级化"三个基本问题。由于学界已对量刑从宽的"正当性根基"这一问题达成基本共识，②且实践中量

---

① 需要阐明的是，2018年《刑事诉讼法》规定，对于认罪认罚案件，人民法院"一般应当"采纳检察机关指控的罪名和量刑建议。基于此，本章认为，应统一检察机关量刑建议与审判机关量刑裁判中有关认罪认罚量刑从宽的实体认定标准，避免两机关对认罪认罚从宽制度具体适用的冲突。故本章中，"量刑从宽"与"量刑建议从宽"实质同义。

② 目前，对于认罪认罚案件中量刑从宽的"正当性根基"这一问题，学界所达成的基本共识为，"节约国家司法资源"与"特殊预防必要性减少"是对国家司法机关认罪认罚的被追诉人予以量刑从宽的重要依据。

刑从宽"层级化"①的安排应以量刑从宽"合理限度"的确定为前提，故本章主要聚焦于对认罪认罚案件中量刑从宽"合理限度"这一基础问题的探讨。

认罪认罚案件中量刑从宽的"合理限度"包括量刑从宽的"最高限度"与量刑从宽的"最低限度"两方面内容。根据2019年"两高三部"《指导意见》第九条及2021年最高人民检察院《量刑建议指导意见》第十四条的规定，办理认罪认罚案件，应当区别认罪认罚的不同阶段、认罪认罚的具体程度等，综合考量确定量刑从宽的限度。在司法实践中，各试点地区多根据诉讼阶段的差异来区别量刑从宽的幅度区间，并在各诉讼阶段量刑从宽的幅度区间内，依据被追诉人认罪认罚的程度确定量刑从宽的具体比例。②据此，对于认罪认罚案件中量刑从宽的"最低限度"，可作两个层面的界定：一是以整个诉讼阶段为对象，量刑从宽的"最低限度"应当无限趋向于"零"。2019年"两高三部"《指导意见》第五条规定，"认罪认罚从宽制度贯穿刑事诉讼全过程，适用于侦查、起诉、审判各个阶段"。当被追诉人仅在刑事诉讼的"最后阶段"实施了"最低程度"的认罪认罚行为时，由于此时认罪认罚行为的证据价值最弱且被追诉人人身危险性减轻可能最大，故理应给予被追诉人最小幅度的量刑从宽。二是以具体诉讼阶段为对象，前一诉讼阶段量刑从宽的"最低限度"应与后一诉讼阶段量刑从宽的"最高限

---

① 当前学界有关认罪认罚案件量刑从宽"层级化"这一理论问题已有诸多探讨，代表性成果参见刘伟琦《认罪认罚的"321"阶梯式从宽量刑机制》，《湖北社会科学》2018年第12期；刘伟琦、刘仁文《阶梯式从宽量刑不同诉讼阶段的认罪认罚》，《学术论坛》2019年第6期；刘伟琦《认罪认罚阶梯式从宽量刑精准化研究——兼评〈关于适用认罪认罚从宽制度的指导意见〉》，《北方法学》2020年第1期；王刚《认罪认罚案件量刑建议规范化研究》，《环球法律评论》2021年第2期。

② 例如，部分试点地区根据侦查阶段、审查起诉阶段、审判阶段的区分设置了"30%—20%—10%"的认罪认罚最高量刑减损比例。由此，对于那些在侦查阶段认罪认罚的被追诉人，可在30%—20%的量刑从宽区间内，依据被追诉人认罪认罚的程度，确定具体的量刑从宽比例。

度"有效衔接。根据2021年最高人民法院、最高人民检察院《量刑指导意见》的惯常规定，不同量刑从宽幅度区间应当相互衔接。例如，对于立功情节，《量刑指导意见》规定了20%以下、20%—50%、50%以上三个量刑从宽幅度区间，且这三个量刑从宽幅度区间实现了无缝对接。在对认罪认罚案件中量刑从宽的"最低限度"予以界定后，本章的研究重点落置于对认罪认罚案件中量刑从宽"最高限度"[①]的讨论上。

纵览认罪认罚从宽制度的改革实践，自2016年"两高三部"《试点办法》颁行至2019年"两高三部"《指导意见》出台，相关立法及司法解释并未对认罪认罚量刑从宽的最高限度予以明确规定，与之相应，此阶段各司法部门有关认罪认罚量刑从宽最高限度的理解也存在较大分歧，[②] 这在一定程度上损及认罪认罚从宽制度运行的实践效果。为了克服前述问题，2021年最高人民法院、最高人民检察院《量刑指导意见》在"常见量刑情节的适用"部分新增第十四条，明确规定"对于被告人认罪认罚的，综合考虑犯罪的性质、罪行的轻重、认罪认罚的阶段、程度、价值、悔罪表现等情况，可以减少基准刑的30%以下；具有自首、重大坦白、退赃退赔、赔偿谅解、刑事和解等情节的，可以减少基准刑的60%以下，犯罪较轻的，可以减少基准刑的60%以上或者依法免除处罚"。尽管《量刑指导意见》对认罪认罚量刑从宽的最高限度予以特别规定，然而该规定背后的实践铺垫或实证支撑为何，其又以何种刑罚理论或量刑规律为基础，是值得进一步论证的问题。除此之外，虽然《量刑指导

---

① 需要指出的是，本章所称量刑从宽的"最高限度"，是从广义层面进行界定的，其包括量刑从宽的"最高幅度"这一核心问题，以及量刑从宽"最高幅度"样态下量刑从宽的"量刑情节""具体幅度"和"适用刚性"等分支问题。

② 例如，各级地方法院、检察院等部门联合制定的"认罪认罚案件试点工作实施细则"中，有关认罪认罚量刑从宽最高幅度的规定并不统一，部分试点单位将侦查阶段认罪认罚量刑从宽的最高幅度设定为30%，部分试点单位则将侦查阶段认罪认罚量刑从宽的最高幅度规定为60%，等等。

意见》以宏观指导的方式规定了认罪认罚量刑从宽的最高限度，但在具体适用时，相关司法人员应当如何确定此类（个）案中认罪认罚量刑从宽的最高限度，又应当依循何种法理进行量刑建议说理，是应予以进一步探讨的问题。否则，可能导致司法实践中认罪认罚案件从宽量刑模式适用的僵化。① 针对上述问题，理论界曾进行过相关讨论，但似乎未能予以充分回应。当前关于认罪认罚案件量刑从宽最高限度问题的理论研究相对匮乏，② 学者们多立足于刑事程序法视角，运用比较分析、规范分析的方法提出认罪认罚量刑从宽最高限度的原则性设想，却缺乏对刑事实体法视域下量刑从宽情节、量刑从宽尺度、量刑从宽刚性等实践问题的实证探讨，由此导致有关认罪认罚量刑实践改革的论证理论性不足、科学性不强。综上，研究认罪认罚案件中量刑从宽的"最高限度"，具备重要的理论与实践意义。

二 实证对象：故意伤害案件

针对前述诸多问题，本章尝试从刑事一体化的立场出发，选取关于认罪认罚案件的裁判文书为分析对象，③ 对认罪认罚量刑从宽的最高限度进行实证剖析，④ 以求揭示认罪认罚量刑从宽最高限度背后所蕴含的基本法理与一般规律。从保证样本数量最大化、量刑

---

① 参见王敏远、杨帆《认罪认罚从宽制度的新发展——〈关于适用认罪认罚从宽制度的指导意见〉解析》，《国家检察官学院学报》2020年第3期。

② 代表性成果参见周新《论从宽的幅度》，《法学杂志》2018年第1期；赵恒《论量刑从宽——围绕认罪认罚从宽制度的分析》，《中国刑事法杂志》2018年第4期；孙长永《认罪认罚案件"量刑从宽"若干问题探讨》，《法律适用》2019年第13期；陈实《论认罪认罚案件量刑从宽的刑事一体化实现》，《法学家》2021年第5期。

③ 在统一检察机关量刑建议与审判机关量刑裁判中有关认罪认罚"量刑从宽"实体认定标准的立场下，由于检察机关量刑建议文书信息的不全面、非终局，故本章以人民法院的裁判文书作为分析对象。

④ 此外，为了充分了解司法实践，笔者于2019年7月16日至18日，对L省3家检察院、法院及部分律师进行了调研，通过与办理故意伤害案件的一线法官、检察官及辩护律师座谈，进一步明晰了认罪认罚量刑从宽最高限度的运行情况与实践难题。

分布均匀化（参见图3-1）的角度考虑，本章择取故意伤害罪作为具体的分析对象。① 由于目前实务界所达成的共识为，认罪认罚量刑从宽的"最高限度"应当满足"最早"认罪认罚（参见表3-1）与"全面"认罪认罚（参见表3-2）两项条件，因此，通过中国裁判文书网，限定时间为"2016年11月17日—2019年5月17日"，限定案由为"故意伤害"、理由为"自首"，并以"认罪""认罚"为关键词进行全文检索，截至2019年5月19日共获取裁判文书2722份。经过人工逐个甄选，最终获取符合条件的裁判文书共计522份，其中轻罪（管制、拘役、三年以下有期徒刑）案件共计451份，中罪（三年至十年有期徒刑）案件共计62份，重罪（十年以上有期徒刑、无期徒刑、死刑）案件共计9份。

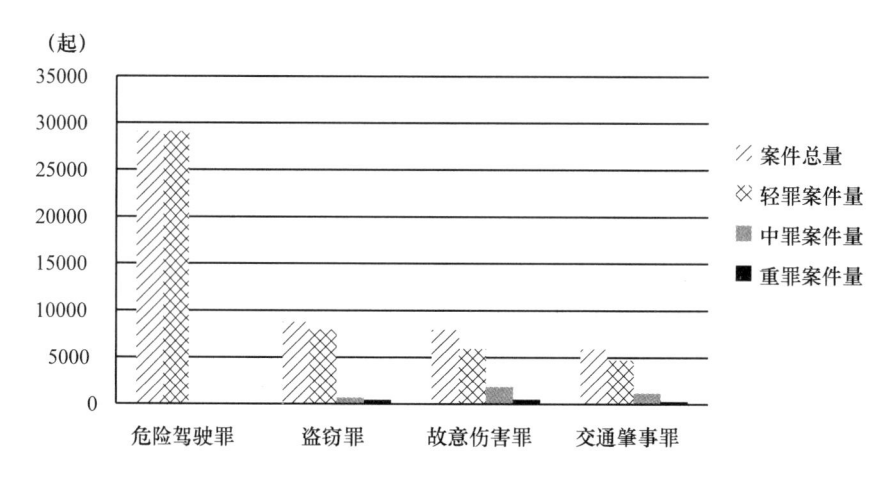

图3-1　认罪认罚案件主要罪名分布（2016—2019年）

---

① 2016年11月17日至2019年5月17日，中国裁判文书网共收录认罪认罚从宽案件裁判文书88142份，其中危险驾驶罪、盗窃罪、故意伤害罪、交通肇事罪的裁判文书数量位居前四。在此四项罪名中，故意伤害罪在轻罪（管制、拘役、三年以下有期徒刑）、中罪（三年至十年有期徒刑）、重罪（十年以上有期徒刑、无期徒刑、死刑）各量刑阶段案件数量分布最为均匀。

表 3-1　　　　　　　"最早"认罪认罚检索释义

	实质要素①	筛选方式	检索结果
认罪	自首型认罪	联机筛选（关键词：自首）	2722 份
认罚	侦查阶段认罚	人工筛选	

表 3-2　　　　　　　"全面"认罪认罚检索释义

	实质要素②	筛选方式	检索结果
认罪	事实承认+法律认可	人工筛选	522 份
认罚	刑事处罚+民事赔偿	人工筛选	

对于选定实证对象的分析，本章将着重从三个方面展开论述：首先，归纳认罪认罚案件中量刑从宽的最高限度样态，即总结 522 份故意伤害案件判决书中认罪认罚量刑从宽的情节、幅度以及刚性特征；其次，对认罪认罚案件的量刑从宽实践进行反思，分析量刑从宽最高限度样态可能导致的实践难题；最后，阐释其背后的理论根据，并从平衡理论冲突的视角出发，揭示合理界定认罪认罚量刑从宽最高限度的内在规律与可行思路。

---

① 所谓"最早"认罪认罚，包括"最早认罪"与"最早认罚"两项要素。具体而言，对于"最早认罪"，实务界的惯常做法是，由于认罪包括"自首型认罪""坦白型认罪""承认犯罪事实型认罪"三种形态，故认罪认罚量刑从宽最高限度的达成应具备被追诉人"自首"这一显性前提。对于"最早认罚"，实务界的普遍理解是，被追诉人在侦查阶段认罚并签字具结，或者在侦查阶段概括认罚并于审查起诉阶段签字具结。参见周光权《论刑法与认罪认罚从宽制度的衔接》，《清华法学》2019 年第 3 期。

② 所谓"全面"认罪认罚，包含"全面认罪"与"全面认罚"双重要素。具体而言，在认罪方面，被追诉人既应承认全部犯罪事实，又应认可案件犯罪性质；在认罚方面，被追诉人既要接受刑事处罚，又应积极退赃退赔、赔偿损失（不包括谅解）。且前述认罪、认罚在各诉讼阶段应保持一贯性，不得反复。

第二节 "限缩式从宽"的实践及悖论

一 "限缩式从宽"的实践样态

在522份故意伤害案件的裁判文书中，有336份裁判文书对认罪认罚量刑从宽"最高限度"的适用呈现限缩之态，占据522份故意伤害案件总数的64%。总的来看，这类案件在轻罪、中罪、重罪各量刑阶段认罪认罚量刑从宽的"最高幅度"（计算方法参见表3-3）①依次为50%、40%、30%以下。具体而言，此类案件具备简化量刑从宽情节、压缩量刑从宽幅度与限制量刑从宽效力的基本特征。

表3-3 **522份故意伤害案件裁判文书中认罪认罚量刑从宽最高幅度的计算方法**

法律依据	①最高人民法院、最高人民检察院《关于常见犯罪的量刑指导意见》 ②各省级人民法院《关于常见犯罪的量刑指导意见实施细则》
计算公式	①量刑基准×（1+从重量刑情节-从宽量刑情节-认罪认罚情节）=宣告刑 ②量刑基准=起点刑×（1+从重责任情节-从宽责任情节）或者 量刑基准=起点刑+从重责任情节-从宽责任情节

---

① 举例说明，某案被告人持管制刀具故意伤害他人身体，致一人重伤二级、一人轻微伤，案发后被告人自首，且积极赔偿被害人经济损失并取得被害人谅解，最终被判处有期徒刑三年六个月。根据该省高级人民法院《关于常见犯罪的量刑指导意见实施细则》之规定，"故意伤害致一人重伤的，可以在三年至四年有期徒刑幅度内确定量刑起点"，故本案起点刑为有期徒刑3—4年；"在量刑起点的基础上，可以根据伤害后果、伤残等级、手段残忍程度等其他影响犯罪构成的犯罪事实增加刑罚量，确定基准刑：每增加一人轻微伤的，增加二个月以下刑期"，故本案基准刑为3年—4年2月；"有下列情节之一的，增加基准刑的20%以下：持枪支、管制刀具等凶器伤害他人的"，故此从重量刑情节的调整幅度约为0%—20%；"对于积极赔偿被害人经济损失并取得谅解的，综合考虑犯罪性质、赔偿数额、赔偿能力以及认罪、悔罪程度等情况，减少基准刑的40%以下；积极赔偿但没有取得谅解的，减少基准刑的30%以下"，故谅解这一从宽量刑情节调整幅度约为10%。综上，将认罪认罚量刑从宽最高幅度设置为X，并连同其余计算项带入公式，即3年×（1+0%-X_1-10%）=3年6月；4年2月×（1+20%-X_2-10%）=3年6月。得出计算结果为X_1=0%、X_2=26%，故本案认罪认罚量刑从宽的最高幅度约为0%—26%。

计算方法	参照最高人民法院、最高人民检察院《关于常见犯罪的量刑指导意见》、各省级人民法院《关于常见犯罪的量刑指导意见实施细则》之规定，除认罪认罚量刑情节（包括自首情节、赔偿情节，不包括谅解情节）外，其余计算项均为固定数值或区间数值，由此可计算出个案认罪认罚量刑情节所获的量刑从宽最高幅度区间

(一) 简化量刑从宽情节

限缩式从宽倾向于简化认罪认罚案件中的量刑从宽情节。通过分析发现，基于336份裁判文书的司法实践对认罪认罚量刑从宽情节的适用大体包含两种形式：一是将认罪认罚量刑情节消解于刑事法律既有量刑制度中。多数限缩式从宽认可认罪认罚量刑情节与刑事法律既有量刑情节之间的包含与被包含关系，并倾向于视"认罪"情节为"自首"情节的特殊形式，视"认罚"情节为"赔偿"情节的组成部分。例如，"陈家兵故意伤害案"判决书中的"理由"部分写道："被告人陈家兵主动至公安机关投案，如实供述自己罪行，且当庭自愿认罪，其行为构成自首，依法可以减轻处罚。"[①] 又如，"肖炎春故意伤害案"判决书中的"理由"部分指出："案发后被告人肖炎春拨打电话报警并在现场等候公安机关处理，归案后如实供述犯罪事实认罪认罚，系自首，可以从轻处罚。"[②] 二是将认罪认罚量刑情节作为补充量刑情节予以调整适用。部分限缩式从宽仅围绕"自首""赔偿"等情节确定认罪认罚案件量刑从宽的幅度，当且仅当"自首""赔偿"等情节确定的从宽结果与罪刑相适应原则相背离时，才将认罪认罚作为补充量刑情节予

[①] 安徽省舒城县人民法院（2019）皖1523刑初1号"陈家兵故意伤害"一审刑事判决书。

[②] 湖北省武汉市蔡甸区人民法院（2018）鄂0114刑初279号"肖炎春故意伤害"一审刑事判决书。

以调整适用。例如,对于认罪认罚案件,部分限缩式从宽在量刑说理部分多作如下表达:被告人系自首,案发后积极赔偿被害人的经济损失,并取得了被害人的谅解,依法予以从轻(减轻)处罚。被告人认罪认罚,酌情予以从宽处理。①

(二)压缩量刑从宽幅度

限缩式从宽注重压缩认罪认罚案件中的量刑从宽幅度。在各量刑阶段认罪认罚量刑从宽最高幅度(30%以下、40%以下、50%以下)之下,限缩式从宽在从宽幅度的裁量方面又呈现出三方面特征:第一,罪行恶劣程度决定认罪认罚量刑从宽幅度,即罪行越恶劣则认罪认罚量刑从宽幅度越小,罪行越轻微则认罪认罚量刑从宽幅度越大。在限缩式从宽中,对于认罪认罚的被追诉人,使用凶器往往比不使用凶器量刑从宽幅度小、打击要害部位往往比打击非要害部位量刑从宽幅度小,由此导致罪行恶劣的认罪认罚案件量刑从宽幅度小上加小。例如,在江苏省辖内审理的两起案件中,两案被追诉人事后均具备自首情节,且积极赔偿(数额接近),并取得了被害人的谅解。其中,一案被追诉人因用"双脚"踢打被害人"腹部"致其重伤二级,而最终获得了23%—33%的认罪认罚量刑从宽幅度;但另一案被追诉人则因使用"镰刀"砍击被害人"胸部"致其重伤二级,而最终仅获得了12%—24%的认罪认罚量刑优惠幅度。② 第二,被害人的赔偿诉求对于认罪认罚案件量刑从宽的影响较小,即限缩式从宽仅将被追诉人"积极赔偿"、被害人"充分谅解"等作为一般酌定量刑情节,在从宽裁量时予以适当考

---

① 参见河南省鹤壁市淇滨区人民法院(2019)豫0611刑初150号"宜冬冬故意伤害"一审刑事判决书;北京市第一中级人民法院(2017)京01刑初119号"张立九故意伤害"一审刑事判决书;辽宁省法库县人民法院(2018)辽0124刑初161号"李某某故意伤害"一审刑事判决书;等等。

② 参见江苏省昆山市人民法院(2018)苏0583刑初2296号"楼宇俊故意伤害"一审刑事判决书;江苏省灌南县人民法院(2016)苏0724刑初461号"周芹故意伤害"一审刑事判决书。

虑。譬如，在两起典型的认罪认罚案件中，虽然被追诉人案发后积极赔偿被害人的全部损失，且被害人随之谅解被追诉人并自愿要求"不再追究被告人的刑事责任"，但法官并未对此予以重视，而仍然将认罪认罚量刑从宽的幅度限制在 20% 以下。① 第三，多项趋轻量刑情节同向相加时，限缩式从宽主张限制认罪认罚量刑从宽的最高幅度。在裁判文书说理方面，除了存在"减轻型"量刑从宽情节外，自首、积极赔偿等多项"从轻型"量刑情节同向从宽后所调整确定的宣告刑，不得低于基准刑所在量刑区间的法定最低刑。② 若用公式表达，即为：

$$自首［从轻］+积极赔偿［从轻］\to 从轻处罚$$

（三）限制量刑从宽效力

限缩式从宽主张限制认罪认罚案件中的量刑从宽效力。在司法实践中，认罪认罚案件量刑从宽刚性问题所聚焦的是，对于犯罪性质恶劣的刑事案件，是否应建立"认罪认罚"量刑情节与"从宽处理"量刑结果之间的直接性、强制性因果关系。也就是说，司法机关对于认罪认罚量刑从宽与否这一问题是否应享有自由裁量权。对此，基于 336 份裁判文书的司法实践大体呈现出两种样态：第一种，明确表示对于犯罪性质恶劣的刑事案件，即使被追诉人最早、充分认罪认罚，亦不得从宽处罚。譬如，多数检察官、法官认为犯罪性质恶劣即表明被追诉人具备极深的主观恶性与极大的人身危险性，且人身危险性大小不会因被追诉人案发后积极认罪认罚而有所降低，因此应慎用从宽处罚的规定。第二种，对于犯罪性质恶劣的

---

① 参见河南省临颍县人民法院（2019）豫 1122 刑初 53 号"崔小飞、朱江龙故意伤害"一审刑事判决书；天津市武清区人民法院（2018）津 0114 刑初 513 号"曲中祥故意伤害"一审刑事判决书。

② 参见江苏省南京市高淳区人民法院（2018）苏 0118 刑初 426 号"赵某故意伤害"一审刑事判决书；北京市第三中级人民法院（2018）京 03 刑初 113 号"贾坤故意伤害"一审刑事判决书；等等。

刑事案件，虽然并未明确表示认罪认罚不得从宽，但却通过严格限制（直至排除）认罪认罚量刑情节的适用来降低量刑从宽的可能。例如，部分判决在量刑说理部分，蕴含着如下逻辑：由于被追诉人所犯之罪情节严重、性质恶劣、社会危害性大，虽然其案发后主动投案、如实供述、积极赔偿并取得谅解，但这并不足以减轻被追诉人罪行的严重程度，故不应将此认罪认罚行为作为本案的从宽量刑情节予以裁量适用。

二 "限缩式从宽"的逻辑悖论

从量刑建议制度的实施现状来看，限缩式从宽有关认罪认罚量刑从宽最高限度的适用存在着诸多缺陷。

首先，限缩式从宽简化认罪认罚案件量刑从宽情节的做法，易削弱认罪认罚量刑情节适用的法律效果。无论是将认罪认罚量刑情节消解于刑事法律既有的量刑制度中，还是将认罪认罚量刑情节作为补充量刑情节予以调整适用，其实质均在于减损认罪认罚量刑情节的适用权重。然而，这一做法会产生两方面问题：一方面，减损认罪认罚量刑情节的适用权重易造成对《刑事诉讼法》立法意图的违背。在司法实践中，认罪认罚案件量刑从宽规则的确立依赖于立法机关和司法机关的有效配合，也就是说，由立法机关先行制定量刑从宽的基本原则和政策，再由司法机关依据实践情况设定量刑从宽的具体标准与实施细则。需要明确的是，在细则制定过程中，司法机关应严格遵循立法原意、不得违背立法精神。而反观《刑事诉讼法》，其用大量篇幅规定了认罪认罚案件的实施原则，此中蕴含了积极推动认罪认罚从宽制度适用、充分发挥认罪认罚从宽制度功能的立法倾向。显然，限缩式从宽减损认罪认罚量刑情节适用权重的做法有违《刑事诉讼法》的立法原意。另一方面，减损认罪认罚量刑情节的适用权重易导致对量刑情节元素评价的缺失。在客观层面上，认罪认罚从宽制度中的"认罪"包括事实和法律双层含义，事实层面的"认罪"是指被追诉人如实供述主要犯罪事实，法律层面的"认罪"是指被追诉人认可被指控事实构成犯罪。因此，若将"认罪"直接纳入"自首"情节中，会造成法律层面"认罪"情节的缺乏。与之相应，认罪认罚从宽制度中的"认罚"涵括"接受刑罚处罚"与"积极赔偿损失"两层含义。因此，若将"认罚"直接等同于"赔偿"情节，会导致刑事处罚层面"认罚"情节的缺位。总而言之，限缩式从宽对《刑事诉讼法》立法原意的违背以及对认罪认罚情节元素的遗漏，使得认罪认罚量刑情节的适用效力大打折扣。

其次，限缩式从宽压缩认罪认罚案件量刑从宽幅度的主张，有损认罪认罚案件量刑建议激励机制的构建。在各量刑阶段，认罪认罚案件量刑从宽幅度的几类压缩样态可能招致如下实践难题：一是过度重视犯罪事实对认罪认罚量刑从宽幅度的干预，易弱化认罪认罚量刑情节对量刑基准的影响力。限缩式从宽的逻辑思路为，"各种量刑情节对基准刑的影响力大小及调节基准刑的比例应围绕着具体案件的犯罪事实来分析判断，不能离开犯罪事实仅就量刑情节自身性质分析判断量刑情节对基准刑的影响力"[①]。然而，在犯罪事实已经被评价为责任情节的前提下，恣意加大犯罪事实对量刑情节调整基准刑这一量刑事实的影响，在实践中会招致裁量者对犯罪事实责任情节的重复利用与对认罪认罚量刑情节的规避适用。二是严格限制多项宽缓量刑情节量刑从宽的最高幅度，易导致相对轻微刑事案件[②]实施者认罪认罚量刑从宽幅度的过度狭小。限缩式从宽强调，被追诉人认罪认罚所获得的量刑优惠应是有限的，即

---

① 戴长林、陈学勇：《量刑规范化改革与实践》，《法律适用》2011年第9期。
② 相对轻微刑事案件是指，在轻罪（管制、拘役、三年以下有期徒刑）、中罪（三年至十年有期徒刑）、重罪（十年以上有期徒刑、无期徒刑、死刑）三个量刑阶段，基准刑分别接近管制三个月、三年有期徒刑、十年有期徒刑的刑事案件。

"只能在法定量刑幅度内按照一定的比例予以优惠,不得予以'降格'的量刑优惠"①。但是,刑事诉讼实践中的诸多案例表明,对基准刑接近量刑区间法定最低刑的相对轻微刑事案件而言,倘若最终仅给予内含多个"从轻型"情节的认罪认罚量刑情节以"从轻处罚"的量刑结果,则会直接导致认罪认罚实际量刑从宽幅度的过度狭窄化(接近于"零")。在司法实践中,无论是肆意弱化认罪认罚量刑情节对量刑基准的影响力,还是过度限缩相对轻微刑事案件认罪认罚量刑从宽的可能幅度,均不利于保障被追诉人认罪认罚量刑从宽的合理预期,无法吸引更多的理性被追诉人尽早、全面认罪认罚,并将最终阻碍认罪认罚案件量刑建议激励机制的构建。

最后,限缩式从宽限制认罪认罚案件量刑从宽效力的实践,有碍检察机关司法公信力的长效提升。无论是明示限制还是暗示限制,"犯罪性质恶劣"这一表述因不具备明确的判断标准与清晰的适用内涵而不应归属于规范性法律术语。由是,限缩式从宽将"犯罪性质恶劣"与否作为衡量被追诉人"认罪认罚从宽"与否关键标准的做法,实质上赋予了检察机关对于是否给予认罪认罚者量刑从宽这一问题以较大的自由裁量权,此举易导致大多数认罪认罚案件量刑从宽适用刚性的缺失。然而,2015年3月,习近平总书记在中共中央政治局第二十一次集体学习会议上提出,司法体制改革要坚持以提高司法公信力为根本尺度,②具体到认罪认罚从宽制度改革实践中,其中最为重要的一项便是通过规则的刚性建构提升公众对于控辩协商制度的信任。③显然,限缩式从宽限制认罪认罚案件量刑从宽刚性、否定"认罪认罚"量刑情节与"从宽处理"量刑

---

① 王敏远:《认罪认罚从宽制度疑难问题研究》,《中国法学》2017年第1期。
② 参见习近平《以提高司法公信力为根本尺度坚定不移深化司法体制改革》,《人民日报》2015年3月26日第1版。
③ 参见刘方权《认罪认罚从宽制度的建设路径——基于刑事速裁程序试点经验的研究》,《中国刑事法杂志》2017年第3期。

结果间强制性因果关系的做法，不利于增强诉讼参与人对于认罪认罚从宽制度的信任感，有损检察机关司法公信力的实质建构。进一步而言，检察机关司法公信力的缺失会加剧下列问题的产生：从事前的角度看，限制认罪认罚量刑从宽适用刚性，削弱了认罪认罚从宽制度"从宽处理"量刑结果的可预测性，不利于激励被追诉人对认罪认罚简化程序的选择适用；从事后的角度看，赋予检察机关过大的自由裁量权，用以变更控辩双方已然达成的认罪认罚从宽协议，易导致被追诉人因不满量刑结果而上诉，最终致使司法资源的大幅消耗。

实质上，前述削弱认罪认罚量刑情节适用效果、损伤认罪认罚案件量刑建议激励功效、阻碍检察机关司法公信力长效提升等表层次实践问题，均体现出认罪认罚案件中检察机关对被追诉人量刑从宽权益保障不力的现实问题，并将最终引发认罪认罚案件量刑建议制度适用乏力这一深层次实践难题。

第三节 "扩张式从宽"的现状及难题

一 "扩张式从宽"的实践呈现

在522份故意伤害案件的裁判文书中，有179份裁判文书对认罪认罚量刑从宽"最高限度"的理解显现扩张之势，占据522份故意伤害案件总数的34%。总的来说，这类案件在轻罪、中罪、重罪各量刑阶段认罪认罚量刑从宽的"最高幅度"分别为50%、40%、30%以上。具体而言，此类案件具有扩充量刑从宽情节、提升量刑从宽幅度与强化量刑从宽效力的实质特点。

（一）扩充量刑从宽情节

扩张式从宽提倡扩充认罪认罚案件中的量刑从宽情节。经梳理发现，基于179份裁判文书的司法实践对认罪认罚量刑从宽情节的适用具体呈现为两种形态：一是将认罪认罚量刑情节与自首、赔偿等量刑情节并用。在扩张式从宽中，裁量者在对认罪认罚、自首、赔偿等量刑情节进行具体适用时，往往首先确定各个量刑情节对基准刑的调节比例，然后采用同向简单相加的方法确定全部量刑情节对基准刑的最终调节比例。例如，对于认罪认罚案件，扩张式从宽在量刑说理部分往往展现出一套基本一致的语言结构与言词表达：被告人系自首，案发后积极赔偿被害人的损失并取得被害人的谅解，依法予以从轻（减轻）处罚；被告人自侦查阶段起自愿认罪认罚，依法予以从宽处罚。综合以上量刑情节，依法对被告人从轻（减轻）处罚。[①] 二是将被追诉人的"认简"行为作为从宽量刑情节予以重点考虑。所谓"认简"，是指被追诉人选择或者同意适用认罪认罚简化程序（即刑事简易程序、刑事速裁程序等）。在司法实践中，相当数量的法官、检察官倾向于将被追诉人的"认简"行为视为"认罚"量刑情节的内在构成要素。具体而言，对于拒绝"认简"的被追诉人，裁量者多以"认罚"条件缺失为由排除认罪认罚从宽制度的适用；对于选择"认简"的被追诉人，裁量者则通过额外的量刑减让弥补其程序性利益损失。

（二）提升量刑从宽幅度

扩张式从宽强调提升认罪认罚案件中的量刑从宽幅度。在各量刑阶段认罪认罚量刑从宽最高幅度（30%以上、40%以上、50%以上）之下，扩张式从宽在从宽幅度的裁量方面又显现出三方面特点：第一，重视被害人赔偿诉求对于认罪认罚案件量刑从宽的影响。部分扩张式从宽直接将被追诉人积极赔偿被害人损失的行为视为减少社会危害性的行为，以增加认罪认罚情节在量刑从宽裁量中的权重。例如，在"郭明兴、陈达伦故意伤害案"中，被告人郭明

[①] 参见云南省砚山县人民法院（2019）云2622刑初90号"陆盛政故意伤害"一审刑事判决书；浙江省杭州市余杭区人民法院（2017）浙0110刑初456号"易某故意伤害"一审刑事判决书；北京市第三中级人民法院（2018）京03刑初70号"马莲德故意伤害"一审刑事判决书；等等。

兴、陈达伦故意伤害被害人罗某致其重伤二级，检察机关建议对二人在有期徒刑三年至四年区间内判处刑罚，但法院则认为，两被告案发后积极赔偿被害人全部损失的行为"相应减轻其社会危害性"，由此最终判处两被告有期徒刑二年。① 除此之外，多数扩张式从宽主张将被追诉人赔偿被害人损失的行为作为"认罚"量刑情节的必要元素予以重点考量。对于积极赔偿被害人全部损失的被追诉人，扩张式从宽裁量往往给予其尽可能大的量刑从宽幅度；而对于那些赔偿不到位或者未予赔偿的被追诉人，扩张式从宽裁量则倾向于排除认罪认罚从宽制度的适用甚至对被追诉人予以从重处罚。② 第二，注重案件证据线索对于认罪认罚案件量刑从宽幅度的影响。通常来说，在基于扩张式从宽而形成的司法实践中，对于长期无法侦破的刑事案件，被追诉人归案后认罪认罚所获得的量刑从宽幅度相较于普通案件更大。譬如，在两起典型案件中，对于那些畏罪潜逃数载后归案认罪认罚的被追诉人，裁量者最终给予其超过了55%的量刑从宽幅度。③ 第三，多项趋轻量刑情节同向相加时，扩张式从宽认为不应限制认罪认罚量刑从宽的最高幅度。这意味着，在无"减轻型"量刑从宽情节的情况下，多项趋轻量刑情节量刑从宽幅度的总和即为最终的量刑从宽比例，裁量者无须考虑经此量刑从宽比例调整后的宣告刑，是否会逾越基准刑所在量刑区间法定最低刑的下限。④ 若用公

---

① 参见云南省昆明市盘龙区人民法院（2018）云0103刑初985号"郭明兴、陈达伦故意伤害"一审刑事判决书。
② 参见辽宁省大连市中级人民法院（2017）辽02刑初110号"沈宏丽故意伤害"一审刑事判决书；广东省广州市花都区人民法院（2018）粤0114刑初1077号"何智华故意伤害"一审刑事判决书；等等。
③ 参见广东省深圳市龙岗区人民法院（2018）粤0307刑初3356号"彭某某故意伤害"一审刑事判决书；湖北省广水市人民法院（2018）鄂1381刑初161号"殷春华、殷水生故意伤害"一审刑事判决书。
④ 参见安徽省安庆市迎江区人民法院（2019）皖0802刑初2号"王某保故意伤害"一审刑事判决书；天津市北辰区人民法院（2018）津0113刑初118号"张超故意伤害"一审刑事判决书；等等。

示表达，即为：

自首［从轻］＋积极赔偿［从轻］＋认罪认罚（含认简）［从轻］
→从轻（减轻）处罚

（三）强化量刑从宽效力

扩张式从宽侧重强化认罪认罚案件中的量刑从宽效力。在司法实践中，部分检察官、律师主张建立"认罪认罚"量刑情节与"从宽处理"量刑结果之间的直接性、强制性因果关系。也就是说，无论何种性质的刑事案件，只要被追诉人最早、充分认罪认罚，即应对其从宽处罚。在 179 份扩张式从宽的判决书中，这一观点得到了进一步的印证。例如，在"殷春华、殷水生故意伤害案"中，被追诉人持刀故意伤害与其素不相识的被害人，致其双臂被砍断，构成重伤二级、伤残六级，此属于以特别残忍手段致人严重残疾的情形。但由于被追诉人案发后自首、积极赔偿被害人损失并取得了被害人的谅解，最终获得了 30%—47% 的认罪认罚量刑从宽幅度。[①] 又如，在"夏学强故意伤害案"中，被追诉人持跳刀向被害人胸腹部猛刺四刀，致其腹主静脉破裂致急性大失血死亡。事发后，被追诉人投案自首、认罪认罚，并取得了被害人家属及家族的谅解，最终获得了 31%—43% 的认罪认罚量刑从宽优惠。[②] 据此，对于扩张式从宽而言，即使被追诉人所犯之罪情节极其严重、性质极端恶劣，也不影响被追诉人事后认罪认罚行为之量刑从宽作用的发挥。

二 "扩张式从宽"的运作难题

在量刑建议制度运作过程中，扩张式从宽对认罪认罚量刑从宽最高限度的理解面临着一系列的实践运作难题。

[①] 参见湖北省广水市人民法院（2018）鄂 1381 刑初 161 号"殷春华、殷水生故意伤害"一审刑事判决书。

[②] 参见贵州省普定县人民法院（2018）黔 0422 刑初 82 号"夏学强故意伤害"一审刑事判决书。

首先，扩张式从宽扩充认罪认罚案件量刑从宽情节的举措，有违认罪认罚个案量刑建议的形式公正。美国学者罗尔斯曾将法律及社会结构等领域的"形式正义"界定为"类似情况得到类似处理，有关的同异都由既定规范来鉴别。"① 由此推知，量刑建议中的"形式正义"，应满足量刑建议标准的一致性，即相同的量刑情节相同处理，不同的量刑情节不同处理，而此目标的达成有赖于对量刑情节之"相同"与"不同"这一前提问题的解读。反观扩张式从宽的实践，第一，将自首、赔偿等量刑情节与认罪认罚量刑情节并列适用，易造成对"重叠"量刑情节的重复评价。禁止双重评价原则是刑事司法裁量中必须遵守的原则，其包含"禁止犯罪构成要件要素在量刑时作为量刑情节进行重复评价"与"禁止对趋轻处罚情节进行双重评价"两层含义②。由于"自首"情节与"认罪"情节均包含被追诉人"如实供述主要犯罪事实"这一含义，而"赔偿"情节与"认罚"情节均包括被追诉人"积极赔偿损失"这一内涵，因此，扩张式从宽强行将前述量刑情节之"相同"解读为"不同"，并予以并列适用的做法，实质上是对同一趋轻情节在量刑上的两次适用，这显然违反了禁止双重评价原则。第二，将被追诉人"认简"行为作为"认罚"量刑情节的组成部分予以考虑，易造成对"不同"量刑元素的不当统一。具体而言，认罪认罚从宽制度中被追诉人所认之"罚"应限定为带有"惩罚性意义"的刑事或民事处罚，与之相对，被追诉人所认之"简"则仅应理解为包含"中立性意义"的简易或速裁程序，二者并不属于同一范畴。因此，扩张式从宽将上述量刑元素之"不同"理解为"相同"，将被追诉人的"认简"行为纳入"认罚"情节范畴且作为认罪认罚从宽制

---

① [美]约翰·罗尔斯：《正义论》，何怀宏等译，中国社会科学出版社1998年版，第58页。
② 参见熊秋红《中国量刑改革：理论、规范与经验》，《法学家》2011年第5期。

度适用前提的做法，虽然一定程度上提升了刑事案件的整体诉讼效率，但这显然是以形式正义的牺牲为代价的。概括来看，无论是对"重叠"量刑情节进行重复评价，还是对"不同"量刑元素予以不当统一，均因对量刑情节之"相同"与"不同"的错误解读，而有违认罪认罚个案量刑建议的形式公正。

其次，扩张式从宽提升认罪认罚案件量刑从宽幅度的主张，有损认罪认罚个案量刑建议的实质公正。在刑罚裁量视域下，罪刑相适应原则是量刑建议实质公正最为重要的评判标准。[①] 反观扩张式从宽有关认罪认罚案件量刑从宽幅度的实践，存在如下难题亟待解决：第一，过度重视民事赔偿对量刑从宽的影响严重减损量刑建议的公正性。部分扩张式从宽将被追诉人积极赔偿被害人物质损失的行为视为减少社会危害性的行为，实质上是将"赔偿"这一事后量刑情节转化为责任情节，用以调整量刑起点、确定量刑基准。这种混淆责任情节与预防情节的做法，无法保障均衡性量刑建议的作出。不仅如此，扩张式从宽在大多数情况下将被追诉人积极赔偿被害人物质损失这一行为视为"认罚"量刑情节的法定形式且给予其较大幅度量刑优惠，易增加认罪认罚案件量刑建议制度异化为"以钱买命""以钱赎刑"的风险，此举显然与罪刑相适应原则相悖，有违量刑建议公正。与之相对，扩张式从宽对赔偿不到位或者未予赔偿的被追诉人排除适用认罪认罚从宽制度抑或施以从重处罚，实际上是将被追诉人作为社会关系修复的"手段"而非出于积极挽救教育的"目的"，这一裁量因缺乏刑罚正当化依据而有损量刑建议公正，易造成对被追诉人基本人权的侵犯。第二，过度强调证据价值对量刑从宽的作用极易消减量刑建议依据的正当性。扩张式从宽对逃亡类案件的认罪认罚者施以

[①] 参见张天虹《量刑公正及判断标准》，《法学杂志》2011年第2期。

较大幅度的量刑从宽,无疑是出于刑事案件失查已久、证据链条亟待修复的考量。但是,将证据价值凌驾于合理刑罚所蕴含的预防价值之上,继而对认罪认罚量刑从宽幅度产生较大影响的做法,因偏离刑罚正当化依据而易致使量刑建议公正的缺失。第三,对于相对严重刑事案件①不限制量刑从宽的最高幅度,易阻碍认罪认罚个案罪刑相适应量刑目标的实现。扩张式从宽认为,认罪认罚案件量刑从宽的幅度应为自首、赔偿、认罪认罚等情节量刑从宽幅度的总和。而2021年最高人民法院、最高人民检察院《量刑指导意见》赋予自首量刑情节以40%的最高量刑从宽比例、赋予赔偿量刑情节以30%的最高量刑从宽比例,这两项量刑情节同向相加后的量刑从宽幅度总和已经高达70%,若再与认罪认罚量刑情节从宽比例简单相加,则最终认罪认罚案件量刑从宽总和幅度超越100%的情形将会大行其道。显然,对于相对严重的刑事案件而言,这一认罪认罚量刑从宽幅度突破了责任刑的基本底线,不利于认罪认罚个案的公正裁量。

最后,扩张式从宽强化认罪认罚案件量刑从宽效力的立场,与认罪认罚个案量刑建议结果的可接受性相背离。结合179份刑事裁判文书认罪认罚量刑从宽幅度较大的现状,扩张式从宽搭建"认罪认罚"量刑情节与"从宽处理"量刑结果之间强制性因果关系的实践可进一步解读为,无论何种性质的刑事案件,只要被追诉人最早、充分认罪认罚,即应在检察机关量刑建议中给予其大幅度的量刑从宽。但是,在司法实践中,若强行给予所有认罪认罚案件的被追诉人以"必然大幅度量刑从宽"这一整齐划一的实体处理结局,可能产生两方面隐患:一方面,对于某些重罪中的极重案件,如果

---

① 相对严重刑事案件是指,在轻罪(管制、拘役、三年以下有期徒刑)、中罪(三年至十年有期徒刑)、重罪(十年以上有期徒刑、无期徒刑、死刑)三个量刑阶段,基准刑分别接近三年有期徒刑、十年有期徒刑以及无期、死刑的刑事案件。

只因被追诉人事后主动认罪认罚，便给予其较大幅度的量刑减免，会大大超越被害人一方对于犯罪处刑的情感期待，从而使犯罪人逃避了法律对其应有的制裁。另一方面，对于所有案件的认罪认罚者均处以确定无疑的大幅量刑从宽优惠，从本质上看会为某些犯罪行为的实施者设置一道事后"保护伞"。"求乐避苦原则是人性的根本，任何人都难以逃脱求乐避苦的法则，所以快乐便成为人们一切行为的依据。"① 当犯罪行为实施者意识到，经由认罪认罚此必然从宽情节调整后的刑罚结果小于其实施犯罪行为所得的可见利益时，犯罪人极易将认罪认罚当作一种规避处罚的手段。而对此类虚假认罪认罚的被追诉人施以确定无疑的大幅度量刑从宽，突破了社会公众对于刑罚从宽裁量的可接受范围。由此，量刑建议公正便成为了一种奢望。

实质上，上述违背认罪认罚个案量刑建议形式公正、损及认罪认罚个案量刑建议实质公正、背离认罪认罚个案量刑建议结果可接受性等浅层次实践困境的背后，所共同指向的是，扩张式从宽判决中认罪认罚个案量刑建议不公这一深层次实践难题，而此问题的存在必然将阻碍认罪认罚从宽制度的公正运行。

需要补充说明的是，在司法实践中，限缩式从宽与扩张式从宽除了各自具备前述量刑建议制度适用乏力、个案量刑建议不公等实践问题以外，还可能共同导致认罪认罚案件量刑建议失衡。由于量刑建议失衡与量刑建议均衡是一对相反相承的现象，故量刑建议失衡的判断标准，可从量刑建议均衡的适用含义中探寻。所谓"均衡"即"平衡"，② 包括"静态"与"动态"两层含义。"静态均衡"是指一种完美状态下的平衡，这种"完美"状态不仅"要求衡器的精准，还要求对被衡量的事物而言所考虑的因素是完全相同

---

① 马克昌：《近代西方刑法学说史略》，中国检察出版社 1996 年版，第 66 页。
② 参见《现代汉语词典》，商务印书馆 2005 年版，第 751 页。

和匹配的，更要求衡量者完全摒弃主观判断，这是一种完备性均衡"。① 与之相对，"动态均衡"是指一种涨落状态下的平衡，即"当秤杆在'完美'的水平线上下波动且幅度大小一致时，即是达到了动态的平衡"②。现实中，量刑建议并不能达致绝对的、终极性的均衡，而仅能实现相对的、过程性的均衡，因此，量刑建议均衡主要表现为一种动态意义上的均衡（参见图3－2）。

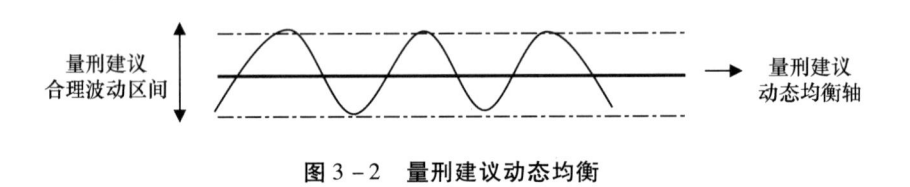

图3－2 量刑建议动态均衡

对于选取的522份故意伤害案件裁判文书，虽然336份限缩式从宽判决与179份扩张式从宽判决在轻罪（管制、拘役、三年以下有期徒刑）、中罪（三年至十年有期徒刑）、重罪（十年以上有期徒刑、无期徒刑、死刑）各量刑阶段的认罪认罚量刑从宽"上限"均围绕着50%、40%、30%幅度阈值上下波动，但由于两类判决在50%、40%、30%阈值上下量刑从宽幅度波动过大，由此认罪认罚案件量刑建议从宽动态均衡的目标难以达成，认罪认罚案件量刑建议失衡的局面日渐显现。

第四节 量刑建议"从宽限度"的重塑

一 量刑建议"从宽限度"的基本立场

从本质上看，限缩式从宽与扩张式从宽之间存在着立场上的对

---

① 刘军：《量刑如何实现均衡——以量刑规范性文件为分析样本》，《法学》2011年第8期。
② 刘军：《量刑如何实现均衡——以量刑规范性文件为分析样本》，《法学》2011年第8期。

立，这是"报应主义"与"功利主义"价值理念分别作用的结果。报应主义（又称"责任主义"），是当代刑法公认的一项基本量刑原则，其主要包括两方面内容：一是以责任（罪责）确证刑罚的正当性；二是以责任（罪责）为刑罚适用设置不可逾越的底线，其中又包含不可逾越责任的上限与不可逾越责任的下限两层含义。① 与之相对，功利主义的基本逻辑呈现出"相较于国家整体利益，法律所保护的个体权利具有相对性、有限性的特征"②。具体到刑罚裁量领域，功利主义又内含刑事预防与程序效益两小分支内容。

受报应主义理念的影响，限缩式从宽蕴含了"积极干预"与"消极干预"两种理论样态。无论是积极干预还是消极抵抗，均指向责任刑对预防刑的影响情况。一方面，限缩式从宽在"以责任（罪责）确证刑罚的正当性"这一报应主义理论的作用下，提倡责任刑对预防刑的积极干预，即主张以罪行轻重为判断标准的责任刑大小决定以认罪认罚为实质内核的预防刑大小。例如，限缩式从宽用罪行严重程度圈定认罪认罚量刑从宽幅度、以性质恶劣为由限制认罪认罚量刑从宽刚性等做法，均以如下理论为支撑：被追诉人的社会危害性程度与认罪认罚的从宽幅度之间呈现负相关关系。当被追诉人的社会危害性严重到一定程度时，认罪认罚的从宽幅度趋向于"0"；相反，当被追诉人的社会危害性轻微到一定程度时，认罪认罚的从宽幅度趋向于"1"。③ 基于该理论，被追诉人罪行越重、责任刑越大，则对其进行特殊预防必要性越大、认罪认罚量刑从宽幅度越小。当被追诉人罪行达致最重、责任刑达致最大时，对其进

---

① 参见王瑞君《责任主义主导量刑情节适用之提倡——兼与〈人民法院量刑指导意见（试行）〉比较》，《政法论丛》2013年第6期。
② 刘茵琪：《认罪认罚从宽制度如何刑事政策化——基于宽严相济刑事政策之"宽缓"面向的考察与反思》，《内蒙古社会科学》（汉文版）2019年第2期。
③ 参见胡云腾《完善认罪认罚从宽制度改革的几个问题》，《中国法律评论》2020年第3期。

行特殊预防的必要性随之达到最大、被追诉人认罪认罚量刑从宽幅度相应降至最小，即不予从宽。另一方面，限缩式从宽在"以责任（罪责）为刑罚适用设置不可逾越的底线"这一报应主义立场的影响下，主张责任刑对预防刑的消极抵抗，即预防刑对量刑基准的调节应坚守责任刑的基本底线。譬如，限缩式从宽消解认罪认罚预防情节、弱化赔偿预防情节对量刑从宽的影响、限制多项趋轻预防情节量刑从宽最高幅度等，均是消极抵抗理念的具体体现。

受功利主义理念的影响，扩张式从宽包含了"预防本位"与"效率本位"双层理论意涵。一方面，在预防主义理论的影响下，扩张式从宽秉持预防本位的基本立场，且呈现出两种面相：一是主张将应当作为预防刑考虑的因素当作责任刑因素予以考虑。例如，部分扩张式从宽视被追诉人积极赔偿被害人损失的行为为减少社会危害性的行为，便包含了将赔偿这一预防情节转化为责任情节的意图，这实际上增加了预防情节在刑罚裁量中的权重，凸显了预防本位的立场。二是强调提升预防情节对量刑从宽的影响力。例如，扩张式从宽重复评价认罪认罚预防情节、过度重视赔偿对量刑从宽的影响、不限制多项趋轻预防情节量刑从宽最高幅度等，均显现出抬高预防情节地位的功利主义倾向。另一方面，在程序效益理念的影响下，扩张式从宽又包含效率本位的理论倾向。例如，扩张式从宽将被追诉人的"认简"行为纳入"认罚"情节的基本范畴、将证据价值大小作为量刑从宽幅度的重要参照、强化认罪认罚量刑从宽的适用刚性等实践，均是以提升认罪认罚案件的诉讼效率为根本出发点。

显然，限缩式从宽与扩张式从宽是在割裂报应主义与功利主义的前提下，基于各自立场对认罪认罚量刑从宽的最高限度进行解读。对此，应当坚持责任刑底线的基本立场，并在协调不同价值理念的基础上，探索认罪认罚案件量刑建议从宽的平衡路径。总体而言，认罪认罚案件量刑建议从宽的平衡路径应严格区分责任刑与预防刑，坚持责任刑不得过度干预预防刑、预防刑不得超越责任刑底线的基本思路。以此为基础，审慎看待诉讼效率对量刑从宽的影响。如此，方可在坚守认罪认罚案件量刑建议公正底线的前提下，最大限度地保障认罪认罚者的量刑从宽权益，同时兼顾认罪认罚从宽制度效率化改革目标的实现。

二 量刑建议"从宽限度"的路径选择

在协调不同价值理念的基础上，认罪认罚案件量刑建议从宽"最高限度"的平衡路径应具备量刑从宽情节交叉化、量刑从宽幅度常态化、量刑从宽效力半刚性等实质内涵。

（一）量刑从宽情节的交叉化

在对认罪认罚案件量刑从宽情节的实质内涵进行确认的过程中，最为重要的一环在于是否应将"认简"纳入认罪认罚量刑情节的范畴中。对此，可作如下解读：第一，被追诉人的"认简"行为并非"认罚"量刑情节的必要构成要素。就文义来说，"认罚"的唯一含义便是接受各种处罚，"认简"的实质内涵在于认可简化程序，"认简"并非"认罚"的应有之义，二者间不存在实质交集。因此，只有将"认简"行为剔除出"认罚"量刑情节的范畴，才能保障认罪认罚案件量刑建议的形式正义。2019年"两高三部"《指导意见》第七条正是采用了这一观点。[①] 第二，对于"认简"的被追诉人可给予其有限的量刑从宽。对国家专门机关而言，被追诉人"认简"的行为因有助于节约侦查成本、减轻公诉负担、缓解审判压力而应被纳入程序性收益的范畴；但对被追诉人而

---

① 2019年最高人民法院、最高人民检察院、公安部、国家安全部、司法部联合发布的《关于适用认罪认罚从宽制度的指导意见》第七条规定："犯罪嫌疑人、被告人享有程序选择权，不同意适用速裁程序、简易程序的，不影响'认罚'的认定。"

言,"认简"行为因减损被追诉人的正当诉讼权利(如质证权、辩论权、要求公正审判权)而应被归入程序性负担的范畴内。根据"权利义务一致原则,犯罪嫌疑人、被告人也应获得一定的程序性利益",① 亦即"要想让被告人明智且自愿地放弃普通程序审判的权利,也必须在制度上提供必要的激励机制",② 故此,对《指导意见》第七条,可以补充规定,国家应通过额外的实体性从宽补偿被追诉人的程序性利益损失,以提升认罪认罚案件的诉讼效率。但需要说明的是,被追诉人因"认简"行为而获得的程序性收益应被控制在有限的范围内,以免造成对认罪认罚案件责任刑底线的过度冲击。

在对认罪认罚案件量刑从宽情节的合理外延进行界定的过程中,最为核心的任务在于从内外两个方面厘清认罪认罚量刑情节的基本定位。虽然2019年"两高三部"《指导意见》第九条及2021年最高人民法院、最高人民检察院《量刑建议指导意见》第十四条对该问题有所涉及,但遗憾的是,其并未明确界定认罪认罚的基本属性,也未系统阐释认罪认罚与既有情节间的关系。对此,其一,应将认罪认罚视为区别于既有趋轻情节的独立的量刑情节。《刑事诉讼法》用大量的篇幅解析认罪认罚从宽制度,并非对既有实体或程序制度的重述,而是深化繁简分流司法体制改革的一项全新尝试。因此,将认罪认罚定位为独立的量刑情节,与立法者意图相符,有助于强化认罪认罚量刑情节的法律效力,正视刑事预防的积极功效,并保障认罪认罚者的量刑从宽权益。其二,应明确认罪认罚量刑情节与既有趋轻量刑情节之间的交叉关系。在认罪认罚量刑从宽"最高限度"这一语境下,"认罪"量刑情节与"自首"量刑

---

① 谭世贵:《实体法与程序法双重视角下的认罪认罚从宽制度研究》,《法学杂志》2016年第8期。
② 吴宏耀:《认罪认罚从宽制度的体系化解读》,《当代法学》2020年第4期。

情节于事实层面存在着含义上的交叠,"认罚"量刑情节与"赔偿"量刑情节则在民事方面具备着内容上的交叉。因此,在具体适用中,应避免对前述趋轻量刑情节进行简单相加,进而造成对同一量刑情节的重复评价,而应在单独评价"认罪认罚"量刑情节与"自首""坦白"共有要素的基础上,对各个量刑情节的特有部分施以独立的量刑从宽。唯有如此,才能从根源上保障认罪认罚案件预防刑对责任刑正义底线的坚守。

(二)量刑从宽幅度的常态化

合理界定认罪认罚案件量刑从宽幅度的途径之一为淡化罪行轻重程度对认罪认罚量刑从宽幅度的影响。也就是说,检察机关在制作量刑建议时,应严格区分"罪行轻重程度"与"量刑从宽幅度"两个方面:在认罪认罚案件中,对于罪行的轻重程度,只能依据犯罪事实等影响预防刑的情节进行判断;而对于量刑从宽的幅度,则只能根据认罪认罚等影响预防刑的情节加以甄别。由此,不能将罪行轻重程度作为认罪认罚量刑从宽幅度的判定标准,不能因为被追诉人罪行严重而直接推定对其进行特殊预防的必要性大、认罪认罚量刑从宽的幅度小。而只应依据认罪认罚的阶段、程度等来判断被追诉人所可能获得的量刑从宽幅度,以避免责任刑对预防刑的过度干预,强化认罪认罚预防情节的实施功效。

合理界定认罪认罚案件量刑从宽幅度的途径之二为限制功利主义对认罪认罚案件刑罚裁量的影响。具体而言,一方面,应弱化赔偿情节对认罪认罚案件刑罚裁量的影响。申言之,首先应明确被追诉人的赔偿行为系预防情节,而非责任情节,以免增加赔偿因素在责任刑确定中的权重。其次应对被追诉人赔偿此酌定量刑情节可获的量刑从宽幅度进行限制,以免诱发权钱交易的制度风险、突破刑罚裁量的公正底线。最后应综合考察被追诉人的赔偿能力与赔偿意愿,对于未赔偿到位但已尽力赔偿的被追诉人,仍应适用认罪认罚从宽制度对其施以适当的量刑从宽；对于有能力赔偿但拒绝赔偿的被追诉人，虽无正当理由给予其量刑上的让步，但亦不可对其处以较重的刑事处罚，以防功利性考量对责任刑上限的逾越。① 因为，"将人作为人来尊重，就意味着只有人本身才是目的，不允许把任何人作为实现与其本人无关的目的的手段"②。另一方面，应避免证据价值对认罪认罚案件刑罚裁量的侵扰。被追诉人认罪认罚的供述对于节约司法资源具有十分重要的意义，且在特定情形下可能成为案件侦破与否的关键。因此，针对疑难复杂案件，检察机关可适当加大认罪认罚量刑从宽的优惠幅度，以吸引更多的被追诉人尽早、全面认罪认罚。然而，由于证据价值非属刑罚裁量根据的基本范畴，且效率化亦非"认罪认罚从宽"的应有之义，③ 故应将前述认罪认罚量刑从宽幅度加大部分控制在合理的范围内，以防止效率价值对认罪认罚案件刑罚裁量公正底线的突破。

合理界定认罪认罚案件量刑从宽幅度的途径之三为引入犯罪常态概念确定认罪认罚量刑从宽的最高幅度。④ 认罪认罚案件量刑建议中从宽"最高限度"蕴含的核心问题是，如何确定认罪认罚预防情节对责任刑调节的"最高幅度"，也就是说，认罪认罚预防情节

---

① 2019年最高人民法院、最高人民检察院、公安部、国家安全部、司法部联合发布的《关于适用认罪认罚从宽制度的指导意见》第七条有关被追诉人"有赔偿能力而不赔偿损失，则不能适用认罪认罚从宽制度"的规定，实际上是对前半部分观点的反向印证，但对于后半部分观点却不置可否。

② [意]杜里奥·帕多瓦尼：《意大利刑法学原理》，陈忠林译，中国人民大学出版社2004年版，第306页。

③ 参见左卫民《认罪认罚何以从宽：误区与正解——反思效率优先的改革主张》，《法学研究》2017年第3期。

④ 从域外各国的规定来看，被追诉人认罪答辩的，最多可获得约1/3的量刑减让幅度。例如，意大利《刑事诉讼法》第四百二十二条规定，对于认罪答辩的被追诉人，"在处罚的情况下，法官在考虑到一切情节之后所确定的刑罚应当减少1/3。无期徒刑由30年有期徒刑替代"。又如，英国在2017年《有罪答辩的量刑减让指南》中明确规定，被追诉人在"最初阶段"认罪答辩的，最多可给予其1/3的量刑减让幅度。但是，域外国家设置"1/3"这一最高量刑减让幅度，与其特定的社会因素、文化因素密切相关，故不可简单照搬。

在对量刑基准进行调整时，是否可以逾越量刑基准所在量刑区间的法定最低刑这一底线。对此，可借助犯罪常态理论的基本思路。具体而言（参见图3-3），第一步，根据统计资料，锁定每项罪名的犯罪常态。所谓犯罪常态，是指"某种犯罪最通常的情形或者绝大多数的情形"，"由于任何一种犯罪都必然存在最通常的情形或者绝大多数的情形，所以，任何一种犯罪都有其常态"。[1]需要强调的是，各项罪名的犯罪常态只能根据大量的统计资料予以确定，也就是说，"现实发生的某种具体案件中，绝大多数的罪行居于何种程度，必须有统计数据的证明"[2]。第二步，按照犯罪常态确定常态量刑起点，继而追索实践中的常态量刑基准。第三步，确定认罪认罚量刑从宽的最高幅度。一旦具体罪名的常态量刑基准确定后，认罪认罚预防情节对责任刑调节的最高幅度也即随之确定，用公式表达为：认罪认罚量刑从宽的最高幅度 =（常态量刑基准 - 量刑基准所在量刑区间的法定最低刑）÷常态量刑基准。以例示之（参见图3-4），假设统计分析发现：①在中罪（三年至十年有期徒刑）量刑阶段的全部故意伤害案件中，"故意伤害一人致其重伤二级"的情形占据全部情形的80%，则"故意伤害一人致其重伤二级"即为中罪量刑阶段故意伤害罪的犯罪常态；②前述"故意伤害一人致其重伤二级"所对应的量刑基准多为"五年有期徒刑"，则"五年有期徒刑"即为中罪量刑阶段故意伤害罪的常态量刑基准。由此，将五年有期徒刑（常态量刑基准）、三年有期徒刑（量刑基准所在量刑区间的法定最低刑）两项数据代入公式后，即可得出中罪量刑阶段认罪认罚量刑从宽的最高幅度为40%这一结论。借助犯罪常态的基本思路确定认罪认罚量刑从宽的最高幅度，一方面有助于确保认罪认罚预防情节对绝大多数刑事案件（包括犯罪常态案件及较犯

---

[1] 张明楷：《犯罪常态与量刑起点》，《法学评论》2015年第2期。
[2] 张明楷：《犯罪常态与量刑起点》，《法学评论》2015年第2期。

罪常态案件更重的案件）责任刑正义底线的坚守；另一方面也为少数轻微刑事案件（较犯罪常态案件更轻的案件）预防刑突破责任刑下限预留了适度的空间，以便在刑罚公正允许的范围内充分发挥认罪认罚预防情节刑罚个别化的功效，满足被追诉人对认罪认罚量刑从宽的合理预期。

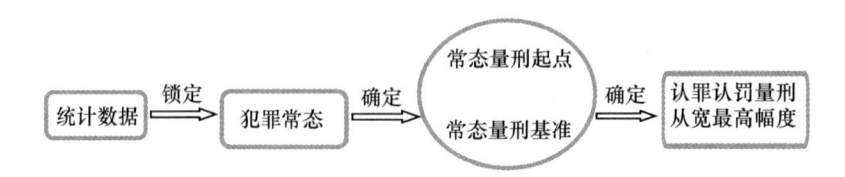

图 3-3 认罪认罚量刑从宽"最高幅度"确定步骤

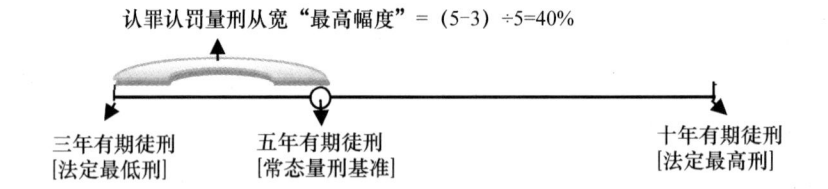

图 3-4 认罪认罚量刑从宽"最高幅度"案例演示

（三）量刑从宽效力的半刚性

认罪认罚案件量刑从宽效力问题主要关注是否应给予重罪案件中的认罪认罚者以确定无疑的量刑从宽优惠。对此，结合 2019 年"两高三部"《指导意见》第八条的规定，可作如下界定：一方面，应明确无论何种性质的刑事案件，只要被追诉人最早、充分认罪认罚，即应在形式上给予其相应的量刑从宽。因为，积极认罪认罚情节本身即表明被追诉人的人身危险性有所降低，国家对其进行特殊预防的必要性随之减少，故此时的量刑从宽于理有据。不仅如此，唯有增强所有认罪认罚案件量刑从宽的适用刚性，才能保障被追诉人认罪认罚后的量刑从宽权益落到实处，并激励更多的重罪被追诉人积极选择认罪认罚简化程序，以降低刑事追诉成本、提升案件诉讼效率、彰显刑事司法公信。另一方面，对于"特别严重""特别残忍""特别恶劣"的刑事案件，① 应通过限制认罪认罚量刑从宽幅度的方式，达致对涉案被追诉人实质不予量刑从宽的处罚效果，以维护国民对于刑罚裁量的情感期待，坚守认罪认罚案件量刑建议公正的底线；但与此同时，应要求检察人员在正式的起诉文书中说明限制认罪认罚量刑从宽幅度的理由，以增强认罪认罚案件量刑建议制度运行的公开化与可信度。实际上，在司法实践中，对于某些重罪案件中的极端严重案件，即使检察机关适用了从轻、减轻处罚量刑情节并降低了相应的刑罚量，其减少的刑罚量对宣告刑刑罚量的确定并不产生任何实质影响。② 例如，当被追诉人相继实施了多起均应被判处死刑立即执行的极重案件，即使该案被追诉人事后积极认罪认罚，也会因认罪认罚量刑情节对死刑量刑结果的作用力过小，而无法察觉到该从宽量刑情节的适用效果。对于此类案件，只要检察机关不给予涉案被追诉人以过大的量刑优惠，便可以实质消除认罪认罚量刑从宽的可能。显然，此种"形式一律从宽、实质区别对待"的探索对检察机关司法公信力的提升大有裨益，也在一定程度上化解了认罪认罚个案可能存在的量刑建议不公这一实践难题。

小结

认罪认罚案件量刑建议实体标准理性建构的另一重要维度在于，合理界定认罪认罚案件量刑建议的从宽限度。量刑建议从宽的

---

① 需要说明的是，2021年最高人民检察院关于印发的《人民检察院办理认罪认罚案件开展量刑建议工作的指导意见》第十五条对"应当从严把握从宽幅度或者依法不予从宽"的情形进行了扩充，增加了"危害国家安全犯罪、恐怖活动犯罪、黑社会性质组织犯罪的首要分子、主犯""虽然罪行较轻但具有累犯、惯犯等恶劣情节""性侵等严重侵害未成年人"等多种情形。

② 参见董桂武《论刑罚目的对量刑情节适用的影响》，《法学论坛》2018年第6期。

"最高限度"是认罪认罚案件量刑建议从宽限度的基础与核心问题。案例实证发现,"限缩式从宽"和"扩张式从宽"是认罪认罚案件量刑建议中从宽"最高限度"的两种类型。受报应主义理念的影响,"限缩式从宽"主张简化量刑从宽情节、压缩量刑从宽幅度与限制量刑从宽效力,由此导致认罪认罚案件量刑建议制度适用乏力的逻辑悖论。受功利主义理念的影响,"扩张式从宽"提倡扩充量刑从宽情节、提升量刑从宽幅度与强化量刑从宽效力,最终引发认罪认罚案件量刑建议不公的运作难题。从平衡量刑建议从宽适用出发,认罪认罚案件量刑建议从宽的"最高限度"应具备量刑从宽情节交叉化、量刑从宽幅度常态化、量刑从宽效力半刚性的实质内涵。

第四章

程序规制（一）：认罪认罚案件量刑建议的协商机制

确立认罪认罚案件量刑建议的程序规则，是合理规制检察机关量刑建议权的有效途径，也是认罪认罚从宽制度稳健运行的重要支撑。在认罪认罚案件量刑建议的适用效果呈现庭前实质化的背景下，如何建构检察环节量刑建议的形成机制，成为了认罪认罚案件量刑建议程序规则确立中面临的首要问题。

针对认罪认罚案件量刑建议的形成机制这一问题，多数学者倾向于将其定位为中国版的认罪认罚协商机制；[①] 而少数学者则对此持怀疑态度，他们认为，根植于美国法治土壤的控辩协商机制在我国难以落地生根，其并非认罪认罚从宽诉讼程序的本质内核。[②] 反

[①] 可称为"量刑协商思路"，代表性成果参见魏晓娜《完善认罪认罚从宽制度：中国语境下的关键词展开》，《法学研究》2016 年第 4 期；张建伟《认罪认罚从宽处理：内涵解读与技术分析》，《法律适用》2016 年第 11 期；陈瑞华《认罪认罚从宽制度的若干争议问题》，《中国法学》2017 年第 1 期；顾永忠、肖沛权《"完善认罪认罚从宽制度"的亲历观察与思考、建议——基于福清市等地刑事速裁程序中认罪认罚从宽制度的调研》，《法治研究》2017 年第 1 期；胡铭《认罪协商程序：模式、问题与底线》，《法学》2017 年第 1 期；吴思远《论协商性司法的价值立场》，《当代法学》2018 年第 2 期；王飞《论认罪认罚协商机制的构建——对认罪认罚从宽制度试点中的问题的检讨与反思》，《政治与法律》2018 年第 9 期；曾亚《认罪认罚从宽制度中的控辩平衡问题研究》，《中国刑事法杂志》2018 年第 3 期；杜磊《认罪认罚从宽制度适用中的职权性逻辑和协商性逻辑》，《中国法学》2020 年第 4 期。

[②] 可称为"政策实施思路"，代表性成果参见左卫民《认罪认罚何以从宽：误区与正解》，《法学研究》2017 年第 3 期；闫召华《听取意见式司法的理性建构——以认罪认罚从宽制度为中心》，《法制与社会发展》2019 年第 4 期。

观实务界，无论是2016年全国人民代表大会常务委员会颁行的《试点决定》、2016年"两高三部"发布的《试点办法》、2018年第十三届全国人民代表大会常务委员会通过的《关于修改〈中华人民共和国刑事诉讼法〉的决定》，还是2021年最高人民检察院印发的《量刑建议指导意见》，均未对认罪认罚案件量刑建议的协商机制作出明确的制度安排。虽然"两高三部"在2019年颁布的《指导意见》第八项"审查起诉阶段人民检察院的职责"中首次就"量刑建议的提出"问题使用"协商"这一概念，但其却并未对控辩双方应如何"协商"这一问题予以进一步的规定与阐明。

基于以上研究及实践现状，存在如下问题亟待厘清：第一，认罪认罚案件量刑建议形成机制的基本定位是什么，即是归属于"协商"机制还是"非协商"机制；第二，认罪认罚案件量刑建议形成机制的运作样态是什么，即检察环节量刑建议的作出应遵循何种程序安排；第三，认罪认罚案件量刑建议形成机制的内在逻辑是什么，即对认罪认罚案件量刑建议形成机制进行选择与设计的理论基础是什么。对此，笔者认为，量刑协商是认罪认罚案件量刑建议形成机制的实质内核，也是认罪认罚从宽制度实践改革的应然之义。在此立场下，本章首先对当前实践中认罪认罚案件量刑建议协商缺位的问题进行检讨，并在分析实践问题背后理论原因的基础上，尝试建构有中国特色的认罪认罚案件量刑建议协商机制。

第一节 认罪认罚案件量刑建议协商机制的现实意义

一 量刑建议协商机制的必要性

确立认罪认罚案件量刑建议的协商机制，是犯罪嫌疑人、被告

第四章 程序规制（一）：认罪认罚案件量刑建议的协商机制

人认罪认罚自愿性、真实性与合法性获取，以及认罪认罚从宽制度正当性建构的客观需要。

应当承认，认罪认罚从宽制度直接源起于对当前司法体制改革中"案多人少"及司法资源配置失当等现实困境的回应，其隐含着"诉讼体制效率化"的基本问题。由此，以效率为导向的认罪认罚从宽制度旨在建构以犯罪嫌疑人、被告人认罪认罚为基础的"程序分流机制"与"程序简化机制"。其中，"程序分流机制"包含"诉讼程序终止"与"诉讼程序分化"两类情形，而"程序简化机制"则包括"程序内部简化"与"程序外部跳跃"两个方面。① 就认罪认罚案件而言，无论是"程序分流机制"还是"程序简化机制"，其最终目的均在于实现刑事案件繁简分流、促进司法资源合理配置，而此目标的达成是以犯罪嫌疑人、被告人放弃无罪辩护权利、公正审判权利等正当诉讼权利为前提的。

对于这种建立在犯罪嫌疑人、被告人放弃正当诉讼权利基础上的程序分流机制或程序简化机制之正当性，国际通行做法是，尊重与保障犯罪嫌疑人、被告人对所获正当诉讼权利的"理性"放弃。② 具体到中国语境下，即应当将犯罪嫌疑人、被告人认罪认罚的自愿性、真实性与合法性作为认罪认罚从宽制度得以确立及适用的正当性根基。而在认罪认罚从宽实践中，犯罪嫌疑人、被告人认罪认罚自愿性、真实性与合法性有效获取的关键在于建立认罪认罚案件量刑建议的协商机制，也就是说，应将"协商"因素融入认罪认罚案件量刑建议的形成机制中。此为"协商性司法"在中国刑事司法制度中的具体运用。所谓"协商性司法"，是指"在刑事案件的处理方面，不同程度地给当事人之间的'协商'或者'合意'

---

① 参见刘茵琪《认罪认罚从宽制度如何刑事政策化——基于宽严相济刑事政策之"宽缓"面向的考察与反思》，《内蒙古社会科学》（汉文版）2019年第2期。
② 参见熊秋红《认罪认罚从宽的理论审视与制度完善》，《法学》2016年第10期。

留有一定空间的案件处理模式"。① 从世界刑事司法制度的改革实践来看,由"协商性司法"衍生而来的量刑协商机制已然成为现代刑事司法制度在主要法治国家获得正当性的必然选择。② 例如,美国的"辩诉交易制度"③、法国的"庭前认罪答辩程序"④、德国的"认罪协商制度"⑤、意大利的"处刑交易程序"⑥ 等,均以量刑协商作为其制度建构的核心与基础。

二 量刑建议协商机制的可行性

确立认罪认罚案件量刑建议的协商机制,是对"合作式"刑事诉讼模式的有力回应,且此量刑"协商"属性业已在我国法律及相关司法解释中初现端倪。

一方面,确立认罪认罚案件量刑建议的协商机制,是对"合作式"刑事诉讼模式的有力回应。从各国刑事诉讼的发展历史来看,刑事诉讼模式大致经历了三种类型:一是长期以来存在的"审问式诉讼",二是产业革命后的"对抗式诉讼",三是近现代出现的"合作式诉讼"。自1979年首部《刑事诉讼法》诞生到1996年、2012年《刑事诉讼法》两次修改,我国的刑事诉讼模式逐渐完成了从"审问式诉讼"向"对抗式诉讼"的转变,被追诉人的权利保障问题成为了这一时期刑事诉讼法律修改所关注的重点问题。2018年《刑事诉讼法》将刑事速裁程序、认罪认罚从宽制度纳入法典,标志着我国的刑事诉讼模式开始实现由"对抗式诉讼"向"合作式诉讼"的转型,控辩双方之间的调解、协

---

① 魏晓娜:《背叛程序正义:协商性刑事司法研究》,法律出版社2014年版,第5页。
② 参见马明亮《协商性司法:一种新程序主义理念》,法律出版社2007年版,第65页。
③ 《美国联邦刑事诉讼规则》第十一条 e。
④ 《法国刑事诉讼法典》第四百九十五条。
⑤ 《德国刑事诉讼法典》第二百五十七条 e。
⑥ 《意大利刑事诉讼法》第四百四十四—四百四十八条。

商成为了这一阶段刑事案件处理的主要内容。由此，确立认罪认罚案件量刑建议的协商机制，符合刑事诉讼模式的演变规律，是"合作式"刑事诉讼模式在现代刑事司法中的重要表现形式。

另一方面，2018年《刑事诉讼法》及相关司法解释为认罪认罚案件量刑建议协商机制的建构提供了依据。一者，《刑事诉讼法》所确立的认罪认罚从宽制度并非对既有"自首""坦白""确有悔改表现"等从宽处理规定的重述，因此，与过往的从宽处理规定将"从宽"定位为国家司法机关单方面给予被追诉人的一种"恩赐"不同，认罪认罚从宽制度中的"从宽"应当成为控辩双方协商交涉的内容和结果。① 二者，《刑事诉讼法》第一百七十三条在原有《刑事诉讼法》第一百七十条"人民检察院审查案件，应当讯问犯罪嫌疑人，听取辩护人、被害人及其诉讼代理人的意见"的基础上，增加了"犯罪嫌疑人认罪认罚的，人民检察院应当告知其享有的诉讼权利和认罪认罚的法律规定"这一内容。且2019年"两高三部"《指导意见》在第八项"审查起诉阶段人民检察院的职责"中首次增设了"证据开示"这一规定。由此，在认罪认罚案件量刑建议的形成环节中，检察机关不仅应当"听取"辩护方认罪认罚的量刑意见，还应当"告知"辩护方认罪认罚的法律后果。在这种意见的往来之间，认罪认罚案件控辩双方开展量刑对话的条件逐渐成形。再者，2019"两高三部"《指导意见》第三十三条指出，"人民检察院提出量刑建议前，应当充分听取犯罪嫌疑人、辩护人或者值班律师的意见，尽量协商一致"。显然，此项规定为认罪认罚案件量刑建议协商机制的建构提供了最为直接的依据。

---

① 参见魏晓娜《结构视角下的认罪认罚从宽制度》，《法学家》2019年第2期。

第二节 "单方决断式"量刑建议形成机制的困境

S市作为东北地区重镇城市之一,一直是我国推行司法体制改革的"排头兵""领路人",该市先后被确立为刑事案件速裁程序试点地区和认罪认罚从宽制度试点城市。自2016年11月正式启动认罪认罚从宽制度试点工作至今,该市在办案模式、工作机制、程序完善等方面开展了一系列实践探索,取得了良好的实践效果。基于此,出于调研样本全面性、典型性的考虑,本章选取S市作为实证考察对象,并通过直接观察、参与座谈、整理数据和查找案例等方式,探寻S市认罪认罚案件量刑建议形成机制的运行现状与实践困境。

一 检察机关对量刑建议协商过程的强势主导

(一)决定协商程序启动

自2016年下半年"两高三部"联合发布《试点决定》和《试点办法》后,S市及其下辖人民检察院、人民法院陆续开展认罪认罚案件的试点及推广工作。2016年11月至2018年12月末(试点工作期间),S市及其下辖司法机关适用认罪认罚从宽制度办理刑事案件共计7095件7396人,占据这一时期刑事案件总数的52.73%。2019年1月至2019年6月(推广工作期间),S市及其下辖人民检察院、人民法院适用认罪认罚从宽制度办理刑事案件共计1336件1387人,占据这一阶段刑事案件总数的30%。总体而言,无论是认罪认罚案件试点工作期间,还是认罪认罚案件推广工作阶段,所有认罪认罚案件有关量刑问题的交涉程序均由检察机关决定适用,也就是说,检察机关对于认罪认罚案件量刑建议协商程序的启动享有绝对的主导权力。

第一，排除犯罪嫌疑人、被告人对于认罪认罚案件量刑建议协商程序的启动权。无论是2018年《刑事诉讼法》，还是2019年"两高三部"《指导意见》，均未规定认罪认罚案件的申请启动机制，认罪认罚的犯罪嫌疑人、被告人仅为量刑建议协商程序的"启动前提"，而非"决定主体"。笔者调研发现，S市及下辖人民检察院实际践行了这一法律规定。一方面，S市检察机关将被追诉人"认罪认罚"这一行为作为认罪认罚案件量刑建议协商程序启动的基本条件，对于经初步审查符合适用认罪认罚从宽制度的案件，应当先征求被追诉人的同意并要求其认罪认罚，尔后方可启动认罪认罚案件量刑建议协商程序；另一方面，被追诉人主动申请适用认罪认罚案件量刑建议协商程序的，S市检察机关往往结合程序启动的必要性等因素作出同意或不同意的决定，且对于不同意适用的案件仅作简单告知而不阐明具体理由。由此，对于是否启动认罪认罚案件量刑建议协商程序这一问题，检察机关占据绝对主导权，而被追诉人则基本处于失语状态。

第二，检察机关启动认罪认罚案件量刑建议协商程序的积极性不足。大体而言，在认罪认罚案件试点工作期间，S市检察机关启动量刑建议协商程序的认罪认罚案件数量占据这一时期刑事案件总数的12.3%，而在认罪认罚案件推广工作期间，S市检察机关启动量刑建议协商程序的认罪认罚案件数量占据这一阶段刑事案件总数的25.1%，S市检察机关认罪认罚案件量刑建议协商程序的启动率总体偏低。具体来看，一方面，检察机关仅仅针对当时最高人民法院《关于常见犯罪的量刑指导意见》中所涉及的罪名启动认罪认罚案件量刑建议协商程序。例如，在认罪认罚案件试点工作时期及推广工作时期，S市检察机关主要围绕危险驾驶、故意伤害、盗窃、诈骗、交通肇事等《关于常见犯罪的量刑指导意见》中既有的罪名适用量刑建议协商程序（参见表4-1）。另一方面，检察机关往往针对轻罪案件适用认罪认罚案件量刑建议协商程序。例如，在认罪认罚案件试点工作时期及推广工作时期，S市检察机关大多针对可能被判处三年以下有期徒刑、拘役刑、罚金刑、缓刑等轻罪案件适用量刑建议协商程序（参见表4-2）。

表4-1　S市检察机关启动量刑建议协商程序的罪名分布

（2016年11月至2019年6月）

		危险驾驶	故意伤害	盗窃	诈骗	交通肇事
试点期间	案件数/占比（%）	932/16.4	357/6.6	288/5.1	211/3.7	48/0.85
	人数/占比（%）	932/15.8	428/7.2	347/6.3	211/3.6	48/0.81
推广期间	案件数/占比（%）	887/71.8	75/6.1	61/4.9	18/1.5	87/7.0
	人数/占比（%）	887/71.4	79/6.4	67/5.4	19/1.5	90/7.2

表4-2　S市检察机关启动量刑建议协商程序的刑期分布

（2016年11月至2019年6月）

		三年以下	拘役刑	单处罚金	适用缓刑	免予处罚
试点期间	人数	459	691	17	591	29
	占比（%）	25.7	38.6	0.95	33.0	1.6
推广期间	人数	251	889	16	573	4
	占比（%）	14.5	51.3	0.9	33.1	0.2

（二）控制量刑选用信息

调研发现，在S市检察机关认罪认罚案件量刑建议的协商程序中，检察机关往往掌控着量刑信息优势，而被追诉方对量刑信息获取的途径则显得相对封闭。

第一，检察机关对量刑信息来源及量刑信息属性的主导。一方面，检察机关对认罪认罚案件的量刑信息来源享有主导权。通过随机抽取2019年以来S市H区人民检察院制作的40份认罪认罚案件起诉书文本，可以发现，检察机关据以拟定量刑建议的案件证据几乎全部来源于侦查机关及其委托机构，且检察机关对案件信息的调查核实大多局限于对侦查机关及其委托机构移送卷宗证据的形式确认。另一方面，检察机关对认罪认罚案件的量刑信息属性占据主导权。2017年3月，S市中级人民法院、S市人民检察院联合印发的《关于开展刑事案件认罪认罚从宽制度试点工作的指导意见》（以下简称《试点指导意见》）第十条第二款规定，"对于《关于常见犯罪的量刑指导意见》中规定的罪名，可以将认罪认罚作为犯罪事实以外的一个单独量刑情节，减少基准刑的10%—30%，但减少的刑罚量不能超过2年"。然而，笔者在走访中发现，当被追诉人同时具备自首、赔偿、认罪认罚等量刑情节时，检察机关通常不会对认罪认罚量刑情节予以单独评价，而是在自首、赔偿等量刑情节法定从宽幅度的范围内，给予被追诉人比正常自首、赔偿幅度稍大的量刑从宽。① 由于认罪认罚量刑情节本身即应比自首、赔偿等量刑情节具备更大的量刑从宽空间，故检察机关对认罪认罚案件量刑信息的主导性选用显得避轻就重。

第二，被追诉方对量刑事实信息及量刑法律信息的缺失。一方面，证据开示趋向虚无化，致使被追诉人对量刑事实信息的掌握非常有限。在认罪认罚案件试点工作期间，无论是S市中级人民法院、S市人民检察院联合发布的《试点指导意见》，还是S市中级人民法院、S市人民检察院、S市公安局、S市司法局联合印发的《关于刑事案件认罪认罚从宽制度试点工作的实施意见（试行）》（以下简称《实施意见》），均未明确规定检察机关的证据开示义务。调研发现，S市及下辖人民检察院在制作讯问笔录时，并未围

---

① 例如，有检察人员表示，对于被追诉人具备自首量刑情节的认罪认罚案件，其一般在自首量刑情节的从宽幅度（0—40%）的范围内，给予被追诉人比正常自首（20%）幅度稍大的量刑从宽（如30%），而不再单独评价认罪认罚量刑情节。

绕其已掌握的案件证据向被追诉人进行逐项展示，而是仅就涉案情节及涉嫌罪名向被追诉人进行简单核实。与之相似，有学者调研发现，目前认罪认罚案件证据开示的比例极低。①另一方面，告知程序趋于形式化，导致被追诉人对量刑法律信息的了解极其匮乏。2017年6月，S市中级人民法院、S市人民检察院、S市公安局、S市司法局联合印发的《实施意见》第十二条规定，"在审查起诉程序中，人民检察院应当告知犯罪嫌疑人享有的诉讼权利和认罪认罚可能导致的法律后果"。然而，在操作过程中，检察机关大多能够向被追诉人送达格式化的《认罪认罚从宽制度告知书》，但却几乎不向被追诉人口头阐述和解释其享有的具体诉讼权利和认罪认罚可能引发的量刑建议从宽后果，导致部分被追诉人不能真正地、全面地理解认罪认罚从宽制度的相关规定与实施意义，并最终致使认罪认罚案件的法定告知程序流于形式。除此之外，司法实务中还存在着不当告知的情形，即检察机关通过告知被追诉人认罪认罚可能获得相对宽缓量刑建议、拒绝认罪认罚则会招致相对严厉量刑建议等内容，以达致间接"威胁"被追诉人、迫使被追诉人认罪认罚的效果，此举显然损及被追诉人认罪认罚的自愿性、真实性与合法性。②

（三）支配量刑协商过程

引入量刑协商机制是认罪认罚从宽制度与传统纠纷解决机制相区别的关键。③然而，通过实地调研发现，S市及下辖人民检察院并未真正建立起认罪认罚案件的量刑建议协商程序。总体来看，检

---

① 参见刘甜甜《认罪认罚从宽案件中的证据开示制度研究》，《中国政法大学学报》2021年第5期。
② 参见卢志军《认罪认罚从宽案件中告知规则的检视与完善》，《河南财经政法大学学报》2022年第3期。
③ 参见曾亚《认罪认罚从宽制度中的控辩平衡问题研究》，《中国刑事法杂志》2018年第3期。

察机关在认罪认罚案件量刑建议的生成过程中占据压倒性优势,而被追诉人则并未实质性地参与到认罪认罚案件量刑建议的形成程序中,控辩双方量刑协商失衡的现象凸显。

第一,认罪认罚案件中量刑建议协商环节的实践缺位。从比较法视野来看,美国的辩诉交易制度是典型的以控辩协商为实质内核的诉讼制度,其一般包括"评估与提议""讨论与协商""妥协与让步"三个阶段。① 与之相对,法国的庭前认罪答辩程序则涵括"被告认罪""检察官提出量刑建议""被告接受或拒绝量刑建议"三个步骤。② 对比美国的辩诉交易制度,法国庭前认罪答辩程序的协商性明显不足。反观我国的认罪认罚案件量刑建议实践,其更多地吸收了法国庭前认罪答辩程序中控辩双方交互性不足的特点。2016年"两高三部"《试点办法》及2018年《刑事诉讼法》均规定,在审查起诉阶段,人民检察院应当就"从轻、减轻或者免除处罚等从宽处罚的建议"听取犯罪嫌疑人、辩护人或者值班律师等的意见。相较于传统的量刑建议制作过程,上述规定使得控辩双方开展量刑对话初具可能,但听取被追诉方意见并不等同于与被追诉方进行量刑协商,对于被追诉方的意见是否采纳仍由检察机关单方决定。③ 尽管2019年"两高三部"《指导意见》增加了"尽量协商一致"的表述,但对于实践中控辩协商的具体程序及适用方法则语焉不详。由于缺乏具体的协商程序操作指引,实务中控辩双方就认罪认罚案件中的量刑问题进行平等协商的理想格局并未形成。调研发现,S市及下辖人民检察院在认罪认罚案件的量刑建议形成环节往往遵循如下步骤:第一步,检察机关以侦查机关移送的案卷材料为依据,以《试点指导意见》《实施意见》等为指导,结合自身办案

---

① 参见祁建建《美国辩诉交易研究》,北京大学出版社2007年版,第41—44页。
② 参见施鹏鹏《法国庭前认罪答辩程序评析》,《现代法学》2008年第5期。
③ 参见杜磊《认罪认罚从宽制度适用中的职权性逻辑和协商性逻辑》,《中国法学》2020年第4期。

经验，单方面拟定认罪认罚案件的量刑建议。第二步，检察机关在讯问犯罪嫌疑人、审查确认案件事实的基础上，仅以书面方式告知被追诉人所享有的诉讼权利及认罪认罚的法律后果。第三步，对于自愿认罪的被追诉人，检察机关通常会直接向其告知已拟定的量刑建议，对此，被追诉人必须当场选择"接受"或者"拒绝"，而无权再次提出反量刑建议。在实践中，绝大多数犯罪嫌疑人会选择接受检察机关提出的量刑建议，而即使少数犯罪嫌疑人对量刑问题存有不同意见，也基本不会对检察机关已经拟定的量刑建议产生任何实质性影响。第四步，同意量刑建议的被追诉人签署认罪认罚具结书。总体来看，对于S市及下辖人民检察院而言，认罪认罚案件量刑建议的形成过程更多地应被视为检察机关单方面作出的过程，而非控辩双方协商合意的结果。

第二，认罪认罚案件中认罪认罚具结书的样态异化。从S市及其下辖人民检察院《认罪认罚具结书》的格式样本来看，存在以下几方面问题：一是从认罪认罚具结书的签署主体来看，控辩双方的诉讼地位不平等。在认罪认罚具结书的格式样本中，第一部分仅出现"犯罪嫌疑人身份信息"字样，且最后的落款部分只需要犯罪嫌疑人签名确认，而控诉方却并未被列为认罪认罚具结书的签署主体，由此直接导致认罪认罚具结书的性质异化为被追诉人单方作出的承诺书或忏悔书。二是从认罪认罚具结书的程序事项来看，控辩双方的权利义务不对等。在认罪认罚具结书的格式样本中，无论是"权利知悉"部分，还是"自愿签署声明"部分，抑或是"律师证明部分"，均体现为辩护方单方面的承诺和声明，而控诉方的权利和义务却未被提及。实际上，认罪认罚具结书中控辩双方权利义务的形式不对等，所折射出的恰恰是实际操作中控辩双方权利义务的实质不对等。三是从认罪认罚具结书的实体事项来看，被追诉人的预期利益不透明。在认罪认罚具结书的实际运用中，检察机关于

"认罪认罚内容"一栏多以印刷字体写明被追诉人认罪认罚后所可能获得的总体刑期等内容,而并未阐释每项量刑情节对该量刑建议结果的具体影响情况,由此导致检察机关完全主导量刑建议结果的提出,而被追诉人的预期利益则处于模糊状态。

二 被追诉方对量刑建议协商过程的被动参与

（一）值班律师功能虚化

在认罪认罚从宽制度中,辩护律师对于增强被追诉人的应诉能力、保障被追诉人的合法权益、推动认罪认罚案件量刑建议协商程序的有序开展起着至关重要的作用。2016年"两高三部"《试点办法》第五条规定,"办理认罪认罚案件,应当保障犯罪嫌疑人、被告人获得有效法律帮助,确保其了解认罪认罚的性质和法律后果,自愿认罪认罚。法律援助机构可以根据人民法院、看守所实际工作需要,通过设立法律援助工作站派驻值班律师、及时安排值班律师等形式提供法律帮助"。2018年《刑事诉讼法》第三十六条规定,"法律援助机构可以在人民法院、看守所等场所派驻值班律师。犯罪嫌疑人、被告人没有委托辩护人,法律援助机构没有指派律师为其提供辩护的,由值班律师为犯罪嫌疑人、被告人提供法律咨询、程序选择建议、申请变更强制措施、对案件处理提出意见等法律帮助"。2019年"两高三部"《指导意见》第十条指出,"犯罪嫌疑人、被告人自愿认罪认罚,没有辩护人的,人民法院、人民检察院、公安机关（看守所）应当通知值班律师为其提供法律咨询、程序选择建议、申请变更强制措施等法律帮助"。由此,在我国被追诉人委托辩护律师比例极低的情况下,值班律师制度的确立与发展成为了认罪认罚案件量刑建议协商机制顺利推进与否的关键因素。然而,从Ｓ市及下辖人民检察院的司法实践来看,在认罪认罚案件值班律师制度的落实过程中,尚存在着"值班律师参与率低"与"值班律师参与度低"两大阻碍。

第一,值班律师参与率低。一方面,2016年11月至2018年12月末,在S市及下辖人民检察院适用认罪认罚从宽制度的5916名被追诉人中,有2658名被追诉人获得了值班律师帮助,占据这一时期认罪认罚被追诉人总数的44.9%,但仍有3258名被追诉人未获得值班律师帮助,占据这一时期认罪认罚被追诉人总数55.1%。不仅如此,2019年1月至2019年6月,在S市及下辖人民检察院适用认罪认罚从宽制度的1242名被追诉人中,有38.6%、479名被追诉人获得了值班律师帮助,而仍有61.4%、763名被追诉人的值班律师处于缺失状态。可见,从认罪认罚案件试点工作时期到认罪认罚案件推广工作阶段,S市及下辖人民检察院值班律师的适用比率偏低且呈现下降趋势。为了缓解值班律师参与率低的问题,S市及下辖人民检察院的认罪认罚案件量刑建议协商程序中大量充斥着被追诉人的亲属代替值班律师履职的情形。另一方面,在特定认罪认罚案件中,值班律师只能为认罪认罚的被追诉人提供阶段化、碎片化的法律帮助,[①] 而无法为其提供全程性、完整性的法律服务。通过对S市及下辖人民检察院进行调研发现,值班律师制度的日常运行主要包括定期值班和轮流值班两种方式,无论采用何种方式,值班律师几乎只能参与案件部分环节,而未能全程跟进案件发展。非但如此,对于多数采用刑事速裁程序的认罪认罚案件,一名值班律师往往"身兼数职",同时为多名被追诉人提供流水线式的法律服务,由此难以完整掌握每个案件的全部信息,亦难以与被追诉人进行充分的沟通与交流。

第二,值班律师参与度低。无论是2016年"两高三部"《试点办法》,还是2018年《刑事诉讼法》,均将认罪认罚案件中的值班

[①] 类似调研结论,参见陈光中、张益南《推进刑事辩护法律援助全覆盖问题之探讨》,《法学杂志》2018年第3期。

律师定位为"法律帮助者"而非"辩护人",且规定值班律师的主要职能在于为犯罪嫌疑人、被告人提供法律咨询、程序选择建议、申请变更强制措施、对案件处理提出意见等法律帮助。S市及下辖人民检察院实际践行了这一规定。一方面,S市值班律师事前往往怠于会见犯罪嫌疑人与查阅具体案卷材料。调研中发现,多数认罪认罚案件的值班律师并不了解案件事实和证据材料,也未就量刑事实及法律规定等问题与被追诉人进行事先的沟通与交流。另一方面,法律及相关解释规定,被追诉人自愿认罪认罚的,应当在辩护人或者值班律师在场的情况下签署认罪认罚具结书。在实践中,S市值班律师在认罪认罚案件量刑建议的磋商阶段,往往不发表或较少发表有关量刑问题的意见,而只是在被追诉人选择认罪、认罚后,当场表明值班律师身份、在认罪认罚具结书中签字确认,由此实际沦为了认罪认罚案件量刑建议协商程序的"见证人",抑或被追诉人认罪认罚自愿化、合法化的"背书人"。① 最终,值班律师的在场制约功能异化为一种"站台效应"。②

(二)从宽预期尚难落实

通过把手案例网,限定文书类型为"起诉书",限定时间为"2019年1月1日—2019年6月30日",限定检察院为"S市人民检察院及下辖",并以"认罪""认罚"为关键词进行全文检索,截至2019年11月2日共获取检察文书1120份,经筛选获得符合条件的检察文书共计340份。③ 通过对340份认罪认罚案件检察文书进行分析发现,在认罪认罚从宽制度推行的较早阶段,S市及下辖

---

① 参见刘方权《认罪认罚从宽制度的建设路径——基于刑事速裁程序试点经验的研究》,《中国刑事法杂志》2017年第3期。
② 参见汪海燕《三重悖离:认罪认罚从宽程序中值班律师制度的困境》,《法学杂志》2019年第12期。
③ 筛选方法:第一,剔除量刑建议不明确的检察文书;第二,剔除内容重复的检察文书。

人民检察院所提量刑建议并非朝向制度本身蕴含的精准化方向发展，而是依然呈现出量刑建议幅度过于宽泛的固有特征。然而，在司法实践中，过于宽泛的量刑建议会直接导致被追诉人获得从宽的利益期待处于不确定状态，并最终减损检察机关司法公信力的实质建构。

第一，在主刑方面，S市及下辖人民检察院仍坚持"以幅度刑为主、以确定刑为辅"的量刑建议提出方式。总体而言（参见表4-3），在340份认罪认罚案件检察文书中，检察机关提出确定刑量刑建议共计118份，其中，F区人民检察院7份、G区人民检察院39份、J区人民检察院0份、H区人民检察院1份、X区人民检察院5份、K区人民检察院15份、Y区人民检察院43份、T区人民检察院8份，占据样本检察文书总数的34.7%；检察机关提出幅度刑量刑建议共计222份，其中，F区人民检察院8份、G区人民检察院42份、J区人民检察院3份、H区人民检察院1份、X区人民检察院6份、K区人民检察院28份、Y区人民检察院76份、T区人民检察院58份，占据样本检察文书总数的65.3%。具体而言（参见图4-1），一方面，在340份认罪认罚案件检察文书中，危险驾驶案件检察文书有294份，占据样本检察文书总数的86.5%。其中，检察机关提出确定刑量刑建议117份、提出幅度刑量刑建议177份，分别占据危险驾驶案件总数的39.8%和60.2%（参见表4-4）。该数据表明，虽然S市及下辖法院和检察院已经针对危险驾驶罪制定了统一的量刑指引标准，但检察机关提出幅度刑量刑建议仍占据危险驾驶案件的相对多数。另一方面，在340份认罪认罚案件检察文书中，剔除危险驾驶案件以外的故意伤害、交通肇事、盗窃等案件检察文书共计46份，占据样本检察文书总数的13.5%，该类案件量刑建议均以幅度刑方式提出。其中，检察机关提出2个月（17件）、3个月（10件）、4个月（2件）、6个月（8件）、1

年（3件）幅度刑量刑建议分别占比37%、21.7%、4.3%、17.4%、6.5%（参见表4-4）。

表4-3　　S市8个基层检察机关提出量刑建议的总体情况
（2019年1月至6月）

	F区	G区	J区	H区	X区	K区	Y区	T区	总/比
确定刑量刑建议	7	39	0	1	5	15	43	8	118/34.7%
幅度刑量刑建议	8	42	3	1	6	28	76	58	222/65.3%

表4-4　　其他案件量刑建议幅度分布

量刑幅度区间	案件数	占比（%）
2个月	17	37
3个月	10	21.7
4个月	2	4.3
6个月	8	17.4
1年	3	6.5

表4-5　　危险驾驶案量刑建议方式分布（2019年1月至6月）

确定刑量刑建议	幅度刑量刑建议
117	177
39.8%	60.2%

第二，在附加刑及刑罚执行方式方面，S市及下辖人民检察院提出具体罚金数额及适用缓刑建议的比率偏低。对于附加刑而言，在340份认罪认罚案件检察文书中，检察机关提出适用罚金刑的文书共310份，其中，检察机关提出具体罚金数额的文书为219份，检察机关提出概括罚金数额的文书为121份。由此，S市及下辖人民检察院提出具体罚金数额的检察文书数量占建议适用罚金刑检察文书总数的70.6%，显然这与2019年"两高三部"《指导意见》

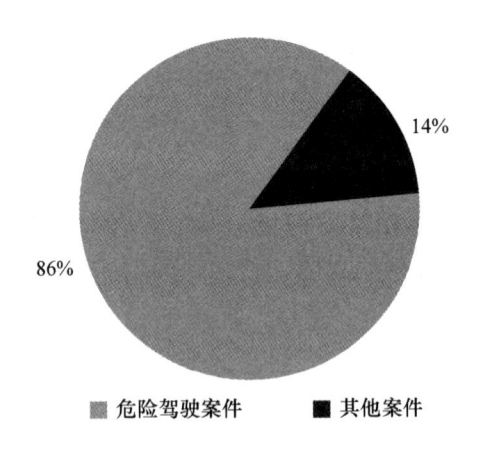

图 4-1　S 市 8 个基层检察机关提出量刑建议的罪名分布

第三十三条第四款规定的"建议判处罚金刑的,参照主刑的从宽幅度提出确定的数额"相违背。对于刑罚执行方式而言,缓刑主要存在于危险驾驶、盗窃、故意伤害、诈骗等罪名中。以危险驾驶罪为例,一方面,S 市及下辖人民检察院提出适用缓刑建议的认罪认罚案件比率较低。在 294 份危险驾驶案件检察文书中,检察机关提出适用缓刑建议的检察文书为 83 份,仅占据危险驾驶案件检察文书总数的 28.2%。另一方面,S 市及下辖人民检察院几乎均以概括方式提出适用缓刑的建议。在上述 83 份适用缓刑的危险驾驶案件检察文书中,仅有 12 份检察文书提出了幅度缓刑建议,其余均作"可以适用缓刑"这一概括表述。

实际上,认罪认罚案件量刑建议协商机制缺失的实践并非个例,绝大多数试点及推广地区并未真正实施认罪认罚案件量刑建议"协商"机制。例如,在北京市海淀区全流程刑事案件速裁程序改革实践中,公诉人、犯罪嫌疑人、辩护律师三方在场量刑协商的局面并未形成,控辩双方量刑协商的有效性、充分性备受质疑。[①] 又

———————
① 参见游涛《认罪认罚从宽制度中量刑规范化的全流程实现——以海淀区全流程刑事案件速裁程序试点为研究视角》,《法律适用》2016 年第 11 期。

如，福建省福州市虽然通过采取"轻刑快审+值班律师+规范量刑（量刑激励）"等改革举措为认罪认罚案件量刑协商的开展奠定了基础，但其并未直接针对控辩双方的量刑协商展开实践探索。[①] 显然，以"检察机关强势主导""被追诉方被动参与"为实质内核的"单方决断式"量刑建议形成机制无法有效保障被追诉人认罪认罚的自愿性、真实性与合法性，易动摇认罪认罚从宽制度的正当性根基，并将最终阻碍认罪认罚从宽制度的高效、长久运行。

第三节 "平等对话式"量刑建议协商机制的建构

一 量刑建议协商机制的立场选择

从"单方决断式"量刑建议形成机制到"平等对话式"量刑建议协商机制，量刑建议实践的基本立场应当实现从"诉讼效率至上"向"被追诉人权利保障"与"新的程序正义"转变。

从本质上看，认罪认罚案件量刑建议协商机制的实践缺位是"诉讼效率至上"价值理念作用的结果。在"案多人少"的实践背景下，化解人案矛盾、提升诉讼效率、优化资源配置潜移默化地成为了当下司法体制改革的主要目标与首要任务。2018年《刑事诉讼法》所确立的认罪认罚从宽制度旨在通过量刑建议协商机制的建构，提升认罪认罚量刑从宽的幅度、强化认罪认罚量刑从宽的刚性，以吸引更多的被追诉人尽早全面认罪认罚、接受刑事简化程序，从而实现整合司法资源的目标。显然，认罪认罚案件量刑建议协商机制的建构对于实现效率价值具有重要作用，但是，"如果仅

---

① 参见王飞《论认罪认罚协商机制的构建——对认罪认罚从宽制度试点中的问题的检讨与反思》，《政治与法律》2018年第9期。

仅将刑事协商作为实现繁简分流的手段，其结果往往是将极大地弱化协商的本质色彩，限缩协商在实践中的适用空间"①。换言之，"以效率价值为首要目标来推进协商性司法的改革，往往将导致相关实践的协商色彩被极大地冲淡与弱化"②。正如美国学者迈克尔·D.贝勒斯所言，及时性可能并不是一种能被协商所实现的过程利益，在协商模式与调查模式之间，如果存在客观标准和时间压力的话，人们肯定会偏向于后者。③ 进一步而言，在"诉讼效率至上"价值立场之下，认罪认罚案件量刑建议的形成机制是否缓解了司法实践中"案多人少"的现实矛盾，成为了评判认罪认罚案件量刑建议机制改革成功与否的核心标准。然而，这种以"诉讼效率"为基础的结果主义导向的价值立场，结合我国固有的职权主义诉讼模式，于实践中催生了"强化国家机关权力主导、物化被追诉人主体地位"这一案件处理模式。这种固化的案件处理方式仅将被追诉人视为打击处理的对象，而并未将被追诉人本身作为有血有肉的个体，④ 致使被追诉人不具备与检察机关进行讨价还价、对等协商的条件或能力，⑤并由此导致认罪认罚案件量刑建议协商机制的建构乏力。而正如前文所言，认罪认罚案件量刑建议协商机制的缺失，无法有效保障被追诉人认罪认罚自愿性、真实性与合法性的形成，易动摇认罪认罚从宽制度的正当性根基，并最终阻碍认罪认罚从宽制度的高效、长久运行。

基于此，为了充分保障被追诉人认罪认罚自愿性、真实性与合

---

① 吴思远：《论协商性司法的价值立场》，《当代法学》2018年第2期。
② 吴思远：《论协商性司法的价值立场》，《当代法学》2018年第2期。
③ 参见［美］迈克尔·D.贝勒斯《程序正义——向个人的分配》，邓海平译，高等教育出版社2005年版，第216页。
④ See Regina Rauxloh, *Plea Bargaining in National and International Law: A Comparative Study*, New York: Routledge Press, 2012, p.59.
⑤ 参见樊崇义、李思远《认罪认罚从宽程序中的三个问题》，《人民检察》2016年第8期。

法性这一正当性制度根基,应当将"协商"因素纳入认罪认罚案件量刑建议的形成机制中。而认罪认罚案件量刑建议协商机制建构的前提在于,明确认罪认罚案件中被追诉人的诉讼主体地位,保障认罪认罚案件被追诉人"在刑事诉讼中的意思自治或者意志自由"。[①]大体而言,在认罪认罚案件量刑建议的形成过程中,应当确立国家机关与被追诉人之间的平等对话机制,摆脱过往国家与公民之间"带有明显的上下级思想的烙印"。[②]也就是说,国家机关不再是刑事司法程序的单方主导者,被追诉人也不再是刑事处理结果的被动接受者,认罪认罚从宽量刑建议的生成应是国家机关与被追诉人共同参与、平等协商的结果。具体而言,一方面,认罪认罚案件量刑建议的协商实践应当基于"被追诉人权利保障"的立场而展开。亦即,应当极力矫正过往司法实践中效率至上的价值立场,而将被追诉人的权利保障放在认罪认罚案件量刑建议协商程序建构与实施的首要考量位置,从而达成由"权力主导"向"权利关照"的路径转变,实现认罪认罚从宽的合宪性控制。[③]另一方面,认罪认罚案件量刑建议的协商实践应当以"新的程序正义"为重要指导与基本取向。一般意义上的程序正义是对传统对抗式诉讼模式的价值追求,而在合作式诉讼模式中,程序正义的实现除了应具备"裁判者的中立性""程序的对等性""程序的合理性""程序的及时性、终结性"等传统形式要素外,还应赋予"程序的参与性"这一实质要素以全新的内涵,即应保证被追诉方对量刑协商程序的平等参与以及对认罪认罚案件量刑建议的实质性影响,从而增强认罪认罚案

[①] 魏晓娜:《认罪认罚从宽制度中的诉辩关系》,《中国刑事法杂志》2021年第6期。
[②] [德]约阿希姆·赫尔曼:《德国刑事诉讼程序中的协商》,王世洲译,《环球法律评论》2001年第4期。
[③] 参见吴思远《反思认罪认罚从宽的路径依赖》,《华东政法大学学报》2021年第4期。

件量刑建议的正当性与妥当性。①

二 量刑建议协商机制的完善路径

认罪认罚案件量刑建议形成机制的未来方向，在于建构"平等对话式"的量刑建议协商机制，而该机制的合理建构又包括"权利确定""信息均衡""能力相当""对话平等"及"从宽兑现"五大着力点。

（一）权利确定

第一，赋予被追诉人启动认罪认罚案件量刑建议协商程序的权利。在美国的辩诉交易制度中，被追诉人享有充分的程序启动权，其不仅可以主动要求适用辩诉交易程序，而且可以在后续的诉讼程序中随时撤回上述请求。② 在德国的认罪协商制度中，控辩双方均可以主动发出协商提议，且认罪答辩仅是协议的必要内容，而非协商的前提条件。③ 而在认罪认罚从宽制度中，被追诉人作为程序适用后果的直接承担者，仅享有对认罪认罚案件量刑建议协商程序的否定权是远远不够的。在实践中，量刑建议协商程序启动权的缺失不仅无助于切实保障认罪认罚者的诉讼权利，也不利于充分调动被追诉人参与量刑协商的积极性。因此，针对检察机关单方决定认罪认罚案件量刑建议协商程序的启动这一问题，应当明确被追诉人在认罪认罚案件量刑建议协商程序中的启动主体地位，赋予被追诉人对于认罪认罚案件量刑建议协商程序的启动权。④ 具体而言，自愿认罪认罚的被追诉人可以直接向检察

---

① 参见周新《认罪认罚从宽制度试点的实践性反思》，《当代法学》2018年第2期。
② 参见陈光中、马康《认罪认罚从宽制度若干重要问题探讨》，《法学》2016年第8期。
③ 参见闫召华《听取意见式司法的理性建构——以认罪认罚从宽制度为中心》，《法制与社会发展》2019年第4期。
④ 有关"认罪认罚"应定性为被追诉人之"权利"的详细论证，参见闵春雷《回归权利：认罪认罚从宽制度的适用困境及理论反思》，《法学杂志》2019年第12期。

机关或者通过值班律师、驻监所检察室等途径提交启动量刑建议协商程序的申请书。检察机关收到申请书后，只需进行形式审查，除了被追诉人认罪认罚存在非自愿、非真实与非明智等情形外，原则上应当直接启动认罪认罚案件量刑建议协商程序，并记录在案。如此，既可以保留检察机关是否启动认罪认罚从宽制度的自由裁量权，又能够大力促进认罪认罚的被追诉人诉讼主体地位的提升。①

第二，规范检察机关启动认罪认罚案件量刑建议协商程序的权力。对于实践中检察机关怠于启动认罪认罚案件量刑建议协商程序的问题，可以从两方面着手应对：一是建立专门的量刑建议协商程序办案组织。针对检察机关仅对常见犯罪罪名及轻罪案件罪名启动认罪认罚案件量刑建议协商程序的这一问题，应当建立专门的办案组织以决定是否启动以及如何适用认罪认罚案件量刑建议协商程序。相较于普通办案组织，专门办案组织在遴选认罪认罚案件与适用量刑建议协商程序时具备更为丰富的实践经验，其不仅可以针对最新颁行的《量刑指导意见》中的罪名及案情简单的轻罪案件罪名启动并适用认罪认罚案件量刑建议协商程序，也有能力在有限的时间内针对《量刑指导意见》之外的罪名及案情复杂的重罪案件罪名启动并适用认罪认罚案件量刑建议协商程序。进一步而言，专门办案组织的成立在拓展认罪认罚案件量刑建议协商程序适用范围、保障被追诉人认罪认罚诉讼权利的同时，也有助于促进认罪认罚案件办案效率的大幅提高。二是确立科学的量刑建议协商程序考核机制。针对检察机关仅对"案件事实清楚、证据确实充分"的轻罪案件启动认罪认罚案件量刑建议协商程序的现状，应当将案件承办人员启动量刑建议协商程序的刑事案件比例纳入考核范围。对于符合认罪认罚从宽制度适用条件的刑事案件，检察机关原则上应当依照

---

① 参见刘泊宁《我国控辩协商程序的规范进路：以认罪认罚案件为视角》，《法学》2022年第2期。

法定程序启动认罪认罚案件量刑建议协商程序，拟定量刑建议且听取辩护方的量刑意见。对于应当启动而未启动认罪认罚案件量刑建议协商程序的刑事案件，应当要求案件承办人说明理由，若案件承办人员拒绝说明理由或说理不充分，则应当以程序违法为由降低该案件承办人员的绩效得分。确立量刑建议协商程序考核机制，有助于反向推动认罪认罚案件量刑建议协商程序的启动，保障各类案件的被追诉人能够平等地参与到认罪认罚案件量刑建议协商程序中。

（二）信息均衡

第一，保障认罪认罚案件量刑建议协商程序中量刑信息的内部均衡。所谓"量刑信息的内部均衡"，是指检察机关在拟定量刑建议时，所依据量刑信息的获取途径及所选用量刑信息的种类属性应当具备均衡性。具体而言，一方面，检察机关对于量刑信息的获取途径应当避免单一化。适用认罪认罚从宽制度的刑事案件，往往具备较高的缓刑适用率。但实践中，对于是否对被追诉人适用缓刑的审前社会调查活动大多为以"刑事追诉"为主要目标的侦查机关所主导。由此，结合2021年最高人民检察院《量刑建议指导意见》第十条第一款的规定，在开展审前社会调查活动时，检察机关应当注重对补充调查权的行使。检察机关可以通过设立社区检察室或者安排检察人员亲自走访等方式，对被追诉人的基本情况、成长经历、社会评价等信息进行搜集与评估，以避免遗漏那些对于被追诉人有利的量刑证据材料，为认罪认罚者进行平等的量刑建议协商及获取合理的量刑建议结果奠定基础。不仅如此，检察机关应当积极探索并认真推广"检察引导侦查"的量刑证据取证机制，以督促侦查机关依照法定程序全面、客观地收集各种量刑证据。另一方面，检察机关对于量刑信息的种类选用应当避免片面化。检察机关在对侦查机关移送或者自行收集的量刑证据加以适用时，应当抛弃主观偏见、秉持客观公正的立场。也就是说，检察机关既应认真审查对被追诉人不利的量刑证据，也应全面评价对被追诉人有利的各种量刑证据。如果检察机关不能依照法定程序全面地审查适用量刑证据，或者在审查适用量刑证据时避轻就重，那么，被追诉人的合法诉讼权益将无法得到切实保障。

第二，保障认罪认罚案件量刑建议协商程序中量刑信息的外部均衡。所谓"量刑信息的外部均衡"，是指在认罪认罚案件量刑建议协商程序中，控诉方与辩护方对量刑信息的掌控应当具备均衡性。要达到这一目的，应从两方面入手：一方面，应当确立认罪认罚案件证据开示制度。所谓证据开示制度，是指检察机关在审前阶段向被追诉人展示证据，以确保被追诉人在全面知悉各种案件证据的基础上，作出认罪认罚意思表示以及适用程序合理抉择的制度。从本质上看，证据开示制度的确立旨在保障被追诉人的知情权、实现控辩双方信息的对称，并最终确保被追诉人认罪认罚的自愿性、真实性与合法性。尽管2019年"两高三部"《指导意见》第二十九条①将"证据开示"纳入审查起诉阶段人民检察院的职责范畴，然而该规定并未确切划定检察机关应当向被追诉人开示的证据范围；虽然2021年最高人民检察院《量刑建议指导意见》第二十六条②规定了证据开示的基本内容与方式，但是未能将证据开示规定为认罪认罚案件检察机关的法定义务，且制度设立的目标似乎仅为促使被追诉

---

① 根据2019年最高人民法院、最高人民检察院、公安部、国家安全部、司法部共同发布的《关于适用认罪认罚从宽制度的指导意见》第二十九条的规定，"人民检察院可以针对案件具体情况，探索证据开示制度，保障犯罪嫌疑人的知情权和认罪认罚的真实性及自愿性"。显然，这一概括性的规定并未指明认罪认罚案件检察机关证据开示的具体范围。

② 根据2021年最高人民检察院印发的《人民检察院办理认罪认罚案件开展量刑建议工作的指导意见》第二十六条的规定，"人民检察院在听取意见的过程中，必要时可以通过出示、宣读、播放等方式向犯罪嫌疑人开示或部分开示影响定罪量刑的主要证据材料，说明证据证明的内容，促使犯罪嫌疑人认罪认罚。言词证据确需开示的，应注意合理选择开示内容及方式，避免妨碍诉讼、影响庭审。"显然，该规定中所包含的"必要时""确需"等表述折射出认罪认罚案件检察机关证据开示的非强制性特征。

人及早认罪认罚,而非促进控辩双方量刑资讯均等。可以说,认罪认罚案件中被追诉人的证据知悉权缺乏制度层面的根本保障。① 因此,需要明确,在审查起诉阶段,检察机关应当秉持依法开示、诚信开示等原则,② 就"全案证据"(包括定罪证据、对被追诉人有利或不利的量刑证据)向被追诉人及其辩护律师、值班律师进行逐项开示,以保障被追诉人对认罪认罚案件量刑建议协商程序的平等、实质参与。另一方面,重点完善认罪认罚案件权利告知制度。针对司法实践中权利告知过程流于形式以及权利告知方式不当行使等现实问题,一是应当明确检察机关全面履行权利告知制度的职责,即检察机关不应仅向被追诉人告知其享有的认罪认罚权利,还应向被追诉人告知其享有的全部诉讼权利。③ 二是应当要求检察机关在书面告知的基础上,依法履行口头阐释说明的义务。虽然2019年"两高三部"《指导意见》第二十六条明确规定,在审查起诉阶段,检察机关应当书面告知被追诉人享有的诉讼权利和认罪认罚的法律规定,并在"必要时"对所告知的内容进行充分释明,但显然这一规定因赋予检察机关对于是否进行口头阐释以绝对的解释权,而无法缓解当前实践中权利告知制度流于形式的局面。因此,应当将检察机关阐释说明界定为"应当型"义务、而非"可以型"权力,以保障被追诉人知情权的充分实现、避免被追诉人错误认罪认罚后反悔率的增加。与此同时,应当对告知过程进行全过程录音录像,以避免认罪认罚案件告知程序中间接"威胁"等情况的出现,促进被追诉人认罪认罚自愿性、真实性与合法性的实现。

---

① 参见柴晓宇《认罪协商中的信息偏在与法律矫正》,《政法论坛》2022年第2期。
② 参见刘泊宁《我国控辩协商程序的规范进路:以认罪认罚案件为视角》,《法学》2022年第2期。
③ 参见闵春雷《认罪认罚从宽制度中的程序简化》,《苏州大学学报》(哲学社会科学版)2017年第2期。

（三）能力相当

第一，确保认罪认罚案件中值班律师帮助的全覆盖。所谓"认罪认罚案件中值班律师帮助的全覆盖"，包括"各个诉讼案件中值班律师帮助的全覆盖"与"各个诉讼阶段中值班律师帮助的全覆盖"两方面内容。具体而言，一方面，从横向视角来看，对于认罪认罚案件，应当确保"各个诉讼案件中值班律师帮助的全覆盖"。从域外的实践经验来看，赋予认罪案件中的被追诉人以法律援助的权利，是现代法治国家的普遍做法。例如，在美国的辩诉交易制度中，被追诉人若没有能力委托辩护律师，则应由公设辩护人办公室指派律师为其提供法律帮助。否则，上诉法院便可以以被追诉人未获得有效辩护为由，作出辩诉交易制度无效、撤销原审法院判决的决定。[①] 又如，在德国的认罪协商程序中，国家有义务为没有能力委托辩护律师的被追诉人提供免费的辩护律师。德国《刑事诉讼法》第四百一十八条第四项规定，"预计判处自由刑至少六个月的，对尚无辩护人的犯罪嫌疑人，就初级法院快速审理程序对其指定辩护人"。[②] 具体到认罪认罚从宽制度中，确保每个案件中的认罪认罚者能够在诉讼的最早阶段及时地获得值班律师帮助，是保障被追诉人量刑建议从宽利益最大化，促进被追诉人认罪认罚自愿性、真实性与合法性的重要途径。对此，2019年"两高三部"《指导意见》第十条及2021年最高人民检察院《量刑建议指导意见》第二十二条均明确指出，对于自愿认罪认罚但未委托辩护人的犯罪嫌疑人，公安机关、人民检察院应当通知值班律师为其提供法律咨询、程序选择建议、申请变更强制措施等法律帮助。也就是说，在委托辩护缺失的认罪认罚案件中，"强制指派"而非"申请指派"应成为值

[①] 参见顾永忠、肖沛权《"完善认罪认罚从宽制度"的亲历观察与思考、建议——基于福清市等地刑事速裁程序中认罪认罚从宽制度的调研》，《法治研究》2017年第1期；陈光中主编《辩诉交易在中国》，中国检察出版社2003年版，第227页。

[②] 《德国刑事诉讼法典》，岳礼玲、林静译，中国检察出版社2016年版，引言第12页。

班律师介入案件的正确方式。① 而要确保这一规定落到实处，公安司法机关有必要加大对值班律师制度的经费划拨比例、② 增强对值班律师制度的执业豁免保障，以此提升值班律师对认罪认罚案件量刑建议协商程序参与的积极性。另一方面，从纵向视角来看，对于认罪认罚案件，应当确保"各个诉讼阶段中值班律师帮助的全覆盖"。2019 年"两高三部"《指导意见》第十三条明确规定，"对于被羁押的犯罪嫌疑人、被告人，在不同诉讼阶段，可以由派驻看守所的同一值班律师提供法律帮助。对于未被羁押的犯罪嫌疑人、被告人，前一诉讼阶段的值班律师可以在后续诉讼阶段继续为犯罪嫌疑人、被告人提供法律帮助"。这一规定的进步意义在于，首次明确了认罪认罚案件中各个诉讼阶段"法律帮助的衔接"机制，但是，该规定并未赋予该"法律帮助的衔接"机制以刚性适用的效力，由此导致"各个诉讼阶段中值班律师帮助的全覆盖"这一目标无法真正达成。对此，应当规定，适用认罪认罚从宽的案件，如果被追诉人在审查起诉阶段没有委托辩护人，则检察机关应当指派侦查阶段的同一值班律师为被追诉人继续提供法律帮助。如此，不仅可以保障认罪认罚的被追诉人在刑事诉讼的各个阶段均能获得法律帮助，而且可以促进每个刑事诉讼阶段律师帮助的一致性、连贯性，为最大化量刑从宽权益的获取奠定基础。

第二，提升认罪认罚案件中值班律师帮助的有效性。在认罪认罚案件中，值班律师能否为认罪认罚者提供有效的法律帮助，直接影响着被追诉人量刑建议从宽权益的实现与诉讼程序的公正。为了保障认罪认罚案件中值班律师帮助的有效性，应当重点从以下两方

---

① 参见贾志强《回归法律规范：刑事值班律师制度适用问题再反思》，《法学研究》2022 年第 1 期。

② 有关值班律师制度的经费划拨比例问题，可以区分案件难易程度、工作时间长短等因素予以确定。参见叶青《程序正义视角下认罪认罚从宽制度中的检察机关沟通之维》，《政治与法律》2021 年第 12 期。

面着手应对：一方面，从正向激励的角度来看，应当确立认罪认罚案件中值班律师实质参与的保障机制。从域外的实施情况来看，值班律师的定位多为"辩护人"而非"法律帮助者"。譬如，英国的值班律师是从事辩护的事务律师、加拿大的值班律师拥有参加庭审外的所有辩护权、日本将咨询律师与指定辩护律师合称为值班律师。[①] 有鉴于此，首先值班律师应当向被追诉人阐释相关的法律文件规定、认罪认罚的从宽后果等内容，确保被追诉人真正理解认罪认罚案件量刑协商机制的实施意义，鼓励被追诉人在诉讼的最早阶段全面认罪认罚。而值班律师阐释义务的履行，有赖于国家机关对值班律师会见权的认可与保障。2019年《指导意见》第十二条第二款规定，"值班律师可以会见犯罪嫌疑人、被告人，看守所应当为值班律师会见提供便利"；2021年最高人民检察院《量刑建议指导意见》第二十二条第三款规定，人民检察院应当为辩护人、值班律师会见提供便利。上述规定为值班律师行使会见权提供了最为直接的法律根据，但实践中应当如何保障值班律师会见权的顺利行使，如何使会见权从"纸面上的权利"变为"实际上的权利"，是应当继续探讨的问题。其次值班律师应当实质参与量刑建议协商程序，为被追诉人争取最大限度的从宽处理结果提供专业的、可行的意见。而为了保障值班律师对认罪认罚案件量刑建议协商程序的实质参与，国家应当赋予值班律师以阅卷的权利。2019年《指导意见》第十二条第二款规定，"自人民检察院对案件审查起诉之日起，值班律师可以查阅案卷材料、了解案情。人民法院、人民检察院应当为值班律师查阅案卷材料提供便利"；2021年最高人民检察院《量刑建议指导意见》第二十二条第三款规定，人民检察院应当为辩护人、值班律师阅卷提供便利。根据上述规定，在审查起诉阶

---

① 参见高一飞《名称之辩：将值班律师改名为值班辩护人的立法建议》，《四川大学学报》（哲学社会科学版）2019年第4期。

段,值班律师有权针对案件信息进行查阅、摘抄与复制,且检察机关应当保障上述权利的顺利行使。如此,可以有效弥补辩护方量刑信息的缺失、增强辩护方进行量刑协商的能力。最后值班律师不仅应当在被追诉人被侦查机关、检察机关讯问以及被追诉人签署认罪认罚具结书时在场见证,还应当对存在量刑异议的认罪认罚具结书提出意见或者拒绝签字,[1]从而充分发挥值班律师的量刑监督职能、促进量刑建议协商程序的公开、透明。另一方面,从反向制约的角度来看,应当确立认罪认罚案件中值班律师辩护乏力的制裁机制。对于实践中值班律师怠于行使量刑辩护权的问题,可以引入"有效辩护"机制予以规制。所谓"有效辩护",学界普遍认为包括两项评价标准:一是辩护律师尽职辩护;二是辩护律师有效果辩护。在该理论之下,两项评价准则有机融合,即通过尽职辩护,最大程度实现有效果辩护结果。[2]对于"有效辩护"的实际运用,可以结合"无效辩护"的判断标准予以展开。1984年根据斯特里克兰案件(*Strickland v. WashGington*)的判决,美国联邦最高法院确立了无效辩护的"双重检验标准":一是律师的辩护行为存在缺陷;二是律师的缺陷行为对被告人的辩护造成了不利影响。根据该标准,被告人认为有效辩护的权利受到侵害时,有权提起上诉以推翻原判决。[3]由此,应当规定,对于认罪认罚案件,在被追诉人未获得有效法律帮助的情形下所开展的量刑建议协商程序应被宣告无效。

(四)对话平等

第一,建构认罪认罚案件量刑建议的协商程序。完善认罪认罚案件量刑建议形成机制的关键之处,在于建构控辩双方之间的量刑

---

[1] 参见贾志强《回归法律规范:刑事值班律师制度适用问题再反思》,《法学研究》2022年第1期。

[2] 参见马静华、李育林《认罪认罚案件的有效辩护:理想模式与实践背离》,《刑事法评论》2021年第1期。

[3] 参见闵春雷《认罪认罚案件中的有效辩护》,《当代法学》2017年第4期。

建议协商程序。只有控辩双方就量刑问题展开平等、实质协商,才能避免量刑建议协商程序陷入哈贝马斯所称的"独白式"结构,① 进而保障被追诉人认罪认罚的自愿性、真实性与合法性,夯实认罪认罚从宽制度的正当化根基。基于此,认罪认罚案件量刑建议的形成应当采用公开听证的方式,② 并遵循以下具体实施步骤,以实现对 2019 年"两高三部"《指导意见》第三十三条中"尽量协商一致"规定的细化与落实。具体而言,一是案件承办人员应当就已经掌握的定罪证据、量刑证据向被追诉人及其辩护律师进行逐项开示,并告知被追诉人享有的诉讼权利和认罪认罚的法律规定。二是在确认被追诉人自愿认罪的前提下,案件承办人员应当根据侦查机关移送卷宗记载的案件信息和法律、司法解释的相关规定,围绕主刑、附加刑及刑罚执行方式等事项提出初步的量刑建议。三是案件承办人员应当认真听取辩护方、被害方的量刑意见。概括来说,应当先由被追诉人围绕认罪悔罪、赔偿情况、量刑预期等问题发表意见,再由被追诉人委托的辩护律师或者法律援助机构指定的值班律师针对量刑问题发表意见,最后由被害人或者其法定代理人就获赔情况及量刑请求等问题发表意见。四是案件承办人员应当针对辩护方与被害方所提从轻、减轻、免除处罚或者从重处罚的量刑意见进行甄别与回应,然后综合全案情况,在拟定量刑建议的基础上提出更为具体、明确的量刑建议,并向各方诉讼参与人进行充分的阐述与说理。五是案件承办人员应当再次或者反复多次地听取被追诉人、辩护人、被害人等对前述细化量刑建议的不同意见和具体理由,并适时地对上述细化量刑建议予以进一步调整。六是若控辩双

---

① 参见孙桂林《哈贝马斯的法律商谈理论及其中国化的意义》,《法学杂志》2010 年第 3 期。

② 有关公开听证的具体方式,实践中包括同步不间断录音录像、数据自动上传设备等多种技术手段。参见王春、叶景《宁波检察推广认罪认罚控辩协商同步录音录像机制——"镜头下办案"成认罪认罚案件办理常态》,《法治日报》2021 年 11 月 11 日第 3 版。

方就量刑问题达成一致，则应当签署认罪认罚具结书及其他相关材料；若控辩双方未就量刑问题达成一致，则应当中止认罪认罚从宽程序。由此，认罪认罚案件量刑建议的形成过程，不应当是被追诉人对检察机关拟定量刑建议的简单认可或否认过程，而应当是被追诉人在全面了解案件事实、量刑证据及相关规定的基础上，借助于专业律师的帮助，与检察机关进行平等、实质量刑协商的过程。

第二，确立认罪认罚案件中认罪认罚具结书的对等样态。在认罪认罚案件中，作为可以用于证明案件事实材料的"过程性"笔录类证据，[①] 认罪认罚具结书的文本样态直接决定着量刑建议形成程序的基本走向。其中，带有"偏执"色彩的认罪认罚具结书易导致量刑建议单方决断机制的产生；与之相反，蕴含"对等"精神的认罪认罚具结书则有助于量刑建议双方协商机制的生成。据此，为了确保量刑建议协商程序的合理建构与顺利运转，应当重点从以下三方面探讨认罪认罚具结书的对等样态：一是量刑协商主体形式平等。在认罪认罚具结书的第一部分，不仅应当包括"犯罪嫌疑人身份信息"，还应当增加"公诉方基本信息"，即应当增加公诉机关的名称与公诉人的姓名等内容。与之相对，在认罪认罚具结书的落款部分，不仅需要犯罪嫌疑人对具结书予以签字确认，还需要公诉方对具结书予以正式认可，即应当要求公诉机关盖章、公诉人签字或者盖章。如此，方可在保障控辩双方诉讼主体地位形式平等的同时，增强被追诉人对于认罪认罚具结书适用效力的信心。二是权利义务条款表述对等。为了实现控辩双方权利义务的形式对等、继而实现控辩双方权利义务的实质对等，并最终确保被追诉人的诉讼主体地位落到实处，有必要对认罪认罚具结书中的程序事项进行较大幅度的调整。例如，在"权利知悉"部分，不仅应当规定被追诉人

---

① 参见步洋洋《论认罪认罚具结书的笔录性质及司法适用》，《证据科学》2022年第1期。

享有阅读《认罪认罚从宽制度告知书》的权利，还应当明确检察机关负有向被追诉人提供与阐明《认罪认罚从宽制度告知书》的义务。又如，在"自愿签署声明"部分，不仅应当规定被追诉人享有获得法律帮助的权利，还应当明确检察机关负有协助或保障被追诉人获得法律帮助的义务；不仅应当规定被追诉人负有如实陈述本人学历的义务，还应当明确检察机关享有了解被追诉人学历的权利；等等。三是量刑协商结果明确具体。针对认罪认罚具结书中检察机关所提量刑建议过于概括化的问题，应当明确，在量刑建议公开听证程序开展之前，检察机关不能预先在"认罪认罚内容"一栏直接以印刷字体写明被追诉人认罪认罚后所可能获得的总体刑期，而应当对此项内容采用留白形式，并在量刑建议公开听证程序结束以后，手动填写各方诉讼参与人所共同达成的量刑建议结果。不仅如此，检察机关在填写上述量刑建议结果时，应当写明每项量刑情节对该量刑建议结果的具体影响情况，从而保障认罪认罚案件量刑建议协商结果的公开与透明。

（五）从宽兑现

被追诉人认罪认罚后所可能获得的量刑从宽结果，是认罪认罚案件量刑建议协商环节的最终落脚点，也是认罪认罚的被追诉人所关注的核心问题。为了有效保障被追诉人认罪认罚的预期利益、减少模糊性量刑建议所带来的不必要上诉并最终提升国家权力机关的司法公信力，检察机关应当在条件允许的范围内尽可能地提出精准化的量刑建议。在美国的辩诉交易制度中，明确的量刑预期是辩诉交易制度得以顺利推进的重要保障。正如有学者指出："量刑指南通过'创设了一种对审判后法庭可能判处的刑罚进行清楚、确定的预期'而改变了辩诉交易的性质"。[①] 在中国的认罪认罚从宽制度

[①] ［美］乔治·费希尔：《辩诉交易的胜利——美国辩诉交易史》，郭志媛译，中国政法大学出版社2012年版，第228页。

中，从案件的复杂程度、法官的可接受程度、被告人的心理预期等多重因素出发，控辩双方应当尝试就轻罪案件（管制、拘役、三年以下有期徒刑）、适用缓刑的案件以及单处附加刑的案件达成绝对确定的量刑建议；而针对中罪案件（三年至十年有期徒刑）与重罪案件（十年以上有期徒刑、无期徒刑、死刑），则可以采用相对确定的量刑建议方式，且以该种方式所提量刑建议的幅度应当被限制在尽可能小的范围内。需要强调的是，精准化量刑建议路径的提倡，应当以夯实认罪认罚案件量刑建议权的实体规制、完善认罪认罚案件人民法院的实质审查为前提与保障，以避免认罪认罚案件中检察权的过度扩张，实现对认罪认罚案件量刑建议权的规范制约。

实质上，精准化量刑建议方式的实现，不仅包括量刑建议"精细化"这一形式要素，还应包括量刑建议"准确化"这一实质要素。否则，仅以"精细化"为导向而排除"准确化"探索的量刑建议，不但会损及认罪认罚案件的量刑建议公正，也会为法院推翻庭前量刑建议、否认认罪认罚者预期利益埋下伏笔。有鉴于此，应当从以下三个方面着手保障检察机关量刑建议精准化目标的达成：第一，注重检法对接，共同制定与调整量刑适用尺度。[①] 鉴于长期以来检察机关对事实真相的过度关注与量刑问题的经验缺乏，对于认罪认罚案件，最高人民法院与最高人民检察院可以2021年最高人民法院、最高人民检察院《量刑指导意见》为指引，制定统一、精准的《认罪认罚从宽量刑指南》；[②] 地方各级检察院应当加强与同级人民法院的沟通，以《认罪认罚从宽量刑指南》为指导，以已决相似案件为参照，并结合本地的实际情况，共同制定地方性的量刑规则或者量刑指南，从而提高认罪认罚案件量刑建议的精准度。

[①] 实际上，为了规范量刑工作，制约法院的刑罚裁量权，美国很早就开启了对《联邦量刑指南》的探索，并依次经历了"前量刑指南""强制性量刑指南""参考性量刑指南"三个发展阶段。参见汪贻飞《量刑程序研究》，北京大学出版社2016年版，第17—24页。

[②] 参见胡铭《认罪认罚案件中的量刑协商和量刑建议》，《当代法学》2022年第2期。

第二，借助大数据系统，建立动态量刑建议分析评判机制。与定罪活动不同，量刑活动极具动态效应，故仅凭一部静态的量刑规则或者量刑指南无法有效保障检察机关所提量刑建议的应时性与恰当性。由此，应当借助智能辅助系统，建立量刑建议的动态分析评判机制。2021年最高人民检察院《量刑建议指导意见》第二十条即明确指出，"人民检察院可以借助量刑智能辅助系统分析案件、计算量刑，在参考相关结论的基础上，结合案件具体情况，依法提出量刑建议"。具体来说，检察机关应引入兼具智能量刑预测、法律法规检索、刑事案例检索等功能的智能量刑辅助系统，[①] 定期对认罪认罚案件量刑建议的提出及采纳情况进行大数据统计与整理，并认真剖析影响量刑建议适用的各类显性及隐性因素，在此基础上，及时调整业已制定的量刑指南或量刑方法，进而提高认罪认罚案件量刑建议的整体质量。第三，更新认罪认罚案件量刑建议的绩效制度。过往实践机械地将量刑建议与量刑裁判进行比照，并以二者间细微的结果差异作为影响办案人员绩效考核因素的做法，致使检察人员倾向于对大量刑事案件的量刑建议进行模糊化处理。基于此，应当明确，在认罪认罚从宽制度中，只有当检察人员所提量刑建议与法官最终刑罚裁判之间存在巨大差异时，才能成为影响检察人员绩效考核的不利因素，以此鼓励更多的司法人员在法定框架内对精准化量刑建议进行大胆尝试与积极探索，从而保障被追诉人认罪认罚量刑从宽的合理预期落到实处。

小结

认罪认罚案件量刑建议程序规则理性确立的重要维度之一在于，合理建构认罪认罚案件量刑建议的协商机制。确立认罪认罚案

---

① 参见《智能量刑辅助系统——让认罪认罚从宽"看得见""落得实"》，《检察日报》2020年8月22日第3版。

件量刑建议的协商机制，既是对"合作式"诉讼模式的有力回应，也是保障被追诉人认罪认罚自愿性、真实性与合法性的客观需要。实践调研发现，受"诉讼效率至上"价值理念的影响，认罪认罚案件量刑建议协商机制缺失现象普遍存在。而以"检察机关强势主导""被追诉方被动参与"为实质内核的"单方决断式"量刑建议形成机制易动摇认罪认罚从宽制度的正当性根基。因此，应当以"被追诉人权利保障"与"新的程序正义"为基本立场来建构"平等对话式"的量刑建议协商机制，而该机制的合理建构又包括"权利确定""信息均衡""能力相当""对话平等"及"从宽兑现"五大着力点。

第五章

程序规制（二）：认罪认罚案件量刑建议的审查机制

面对检察机关在认罪认罚从宽制度适用中的主导地位日益凸显这一现实背景，人民法院是否应当建构以及应当如何建构认罪认罚案件量刑建议的审查机制，是认罪认罚案件量刑建议程序规则确立中亟待解决的另一项重要议题，也是认罪认罚案件中检察机关量刑建议权得以合理规制的重要保证。

对于认罪认罚案件量刑建议审查机制问题，理论界存在较大分歧。部分学者主张法院审查的高效化，其更加关注对认罪认罚案件之简化审理程序的合理建构[①]，以及对被追诉人"认罪"自愿性保障问题的路径探讨[②]。部分学者则提倡法院审查的实质化，其多采用法教义学分析方法对现行立法中量刑建议效力问题进行反思[③]，

[①] 相关研究参见步洋洋《认罪认罚从宽视域下刑事简化审程序的本土化省察》，《法学杂志》2019年第1期；李海峰、邓陕峡《认罪认罚案件集中化审理的正当性基础与制度完善——基于S省基层人民法院的试点》，《江西社会科学》2019年第10期；李勇《认罪认罚案件"程序从简"的路径》，《国家检察官学院学报》2019年第6期；等等。

[②] 相关研究参见赵恒《认罪及其自愿性审查：内涵辨析、规范评价与制度保障》，《华东政法大学学报》2017年第4期；史立梅《认罪认罚从宽程序中的潜在风险及其防范》，《当代法学》2017年第5期；卞建林《认罪认罚案件审理程序的若干问题》，《中国刑事法杂志》2022年第1期；等等。

[③] 相关研究参见闫召华《论认罪认罚案件量刑建议的裁判制约力》，《中国刑事法杂志》2020年第1期；闫召华《"一般应当采纳"条款适用中的"检""法"冲突及其化解——基于对〈刑事诉讼法〉第201条的规范分析》，《环球法律评论》2020年第5期；孙远《"一般应当采纳"条款的立法失误及解释论应对》，《法学杂志》2020年第6期；等等。

抑或从控审构造、检法冲突等深层原因出发指出法院审查机制建构的基本方向①。反观实践，在"提高诉讼效率"与"维护社会稳定"双重改革目标的作用下，②实务界似乎更加倾向于弱化审判阶段人民法院对于认罪认罚案件量刑建议的审查。例如，无论是2016年《试点决定》，还是2016年"两高三部"《试点办法》，抑或是2018年《刑事诉讼法》，均未对认罪认罚案件量刑建议的审查程序予以细化规定，相反，其均明确要求人民法院"一般应当"采纳人民检察院指控的罪名和量刑建议。又如，在认罪认罚从宽制度的实践过程中，对于适用刑事简化程序审理的认罪认罚案件，部分法院出现了法官在20分钟内审结3起刑事案件的情况③，不仅如此，90%以上的法庭审理时间被控制在五分钟左右④，且真正用于定罪量刑的庭审时间不超过三分钟⑤。由此，人民法院对认罪认罚案件量刑建议的审查陷入缺位状态，人民法院作为认罪认罚案件量刑公正最后一道保障的作用未能得到切实发挥。

笔者认为，确立人民法院对于认罪认罚案件量刑建议的审查机制是认罪认罚从宽制度长效运行的重要保障。基于这一立场，本章尝试对当前认罪认罚从宽实践中量刑建议审查缺位的问题进行检

---

① 相关研究参见韩轶《认罪认罚案件中的控审冲突及其调和》，《法商研究》2021年第2期；陈明辉《认罪认罚从宽制度中法检权力的冲突与协调》，《法学》2021年第11期；王迎龙《认罪认罚从宽制度中的控审构造》，《中国刑事法杂志》2021年第6期；等等。

② 根据2016年8月29日最高人民法院院长周强所作的《〈关于授权在部分地区开展刑事案件认罪认罚从宽制度试点工作的决定（草案）〉的说明》，认罪认罚从宽制度改革的目标有四：第一，及时有效惩治犯罪，维护社会稳定；第二，落实宽严相济刑事政策，加强人权司法保障；第三，优化司法资源配置，提升司法公正效率；第四，深化刑事诉讼制度改革，构建科学刑事诉讼体系。但在司法实践中，实务部门均倾向于将第一与第三项作为认罪认罚从宽制度改革的主要目标与核心任务。

③ 参见王丽丽《刑事速裁试点一年：简化细化公诉程序保障被告人权益》，《检察日报》2015年7月22日第5版。

④ 参见吕佼《每起刑事速裁案庭审平均5分钟》，《青岛日报》2016年9月2日第2版。

⑤ 参见李奋飞《论"确认式庭审"——以认罪认罚从宽制度的入法为契机》，《国家检察官学院学报》2020年第3期。

讨，并在分析前述实践问题产生原因的基础上，探讨建构认罪认罚案件量刑建议审查机制的应然路径。

第一节　认罪认罚案件量刑建议审查机制的正当性

从认罪认罚从宽制度的适用基础来看，认罪认罚从宽制度承载着"认罪"与"认罚"两项核心内容。由于"认罪"涉及的是是与否的性质认定问题，"认罚"关乎的是多与少的数量抉择问题，故对于前者，控辩双方之间不存在协商的空间，而对于后者，控辩双方之间存在商洽的余地。在认罪认罚从宽制度的实践过程中，多数认罪认罚案件的被追诉人对于案件性质及指控罪名并不持有异议，而对于量刑情节及量刑结果则分外关注。因此，强化审判阶段人民法院对于认罪认罚案件量刑建议的审查具有十分重要的意义。

一　促进认罪认罚案件实体公正

从实体法视角来看，强化审判阶段人民法院对于认罪认罚案件量刑建议的审查，有助于推动认罪认罚案件实现实体公正。

一方面，强化审判阶段人民法院对于认罪认罚案件定罪证据的审查，有利于划定被追诉人认罪认罚所获量刑从宽的可能区间，进而夯实认罪认罚案件责任刑正义底线。"刑罚的本质是对犯罪的报应，量刑需与行为社会危害性相适应。"① 不仅如此，"刑罚的正当化根据是报应的正当性与预防犯罪目的的合理性，其中的报应是指责任报应，报应刑就是责任刑；根据点的理论，只能在责任刑（点）之下考虑预防犯罪的需要"②。由此，认罪认罚案件量刑建议

---

①　马克昌主编：《刑罚通论》，武汉大学出版社 2011 年版，第 39 页。
②　张明楷：《论影响责任刑的情节》，《清华法学》2015 年第 2 期。

的拟定包括"适用定罪情节圈定责任刑范围"与"适用量刑情节调整责任刑幅度"两大步骤,其中"适用定罪情节圈定责任刑范围"是认罪认罚案件量刑建议作出的基本前提。对此,只有审判阶段人民法院对认罪认罚案件中的定罪证据进行有效审查,才能为"适用量刑情节调整责任刑幅度"设定合理范围,并进一步夯实认罪认罚案件量刑建议的公正底线。

另一方面,强化审判阶段人民法院对于认罪认罚案件量刑证据的审查,有利于避免控辩双方对认罪认罚量刑从宽幅度的恣意调整,从而预防认罪认罚案件量刑建议畸轻畸重。从刑法通说来看,刑罚的重要目的在于预防犯罪,而预防的内容又包括一般预防和特殊预防两个方面,正如有学者所言:"刑罚的目的既不是要摧残折磨一个感知者,也不是要消除业已犯下的罪行……刑罚的目的仅仅在于:阻止罪犯再重新侵害公民,并规诫其他人不要重蹈覆辙。"① 显然,检察机关正确适用量刑情节、合理拟定量刑建议对于认罪认罚案件中刑罚目的的最终实现具有至关重要的作用。但是,反观认罪认罚案件量刑情节的适用过程,作为制度主导的检察机关往往表现出两种实践倾向:一是对于证据基础扎实的认罪认罚案件,检察机关多以"量刑非交易化"为名,单方面压缩被追诉人认罪认罚所可能获得的量刑从宽幅度;二是对于证据基础薄弱的认罪认罚案件,检察机关多以"提升诉讼效率"为由,给予认罪认罚者以大幅度量刑优惠,继而激励被追诉人尽早、全面认罪认罚。显然,这两种实践倾向易导致认罪认罚案件量刑建议的畸轻畸重。因此,只有审判阶段人民法院对认罪认罚案件中的量刑证据进行审查,才能有效防止控辩双方对认罪认罚量刑从宽幅度的恣意调整,并切实保障认罪认罚案件量刑公正目标的实现。

---

① [意]切萨雷·贝卡利亚:《论犯罪与刑罚》,黄风译,商务印书馆2017年版,第40页。

二 巩固"以审判为中心"实践成果

2014年10月,党的十八届四中全会通过的《决定》指出,"推进以审判为中心的诉讼体制改革,确保侦查、审查起诉的案件事实证据经得起法律的检验"。大体而言,"以审判为中心"诉讼体制改革的主要目标在于,切实发挥审判程序对于侦查与起诉活动的制约、把关作用,并通过依法规范审判活动以避免放纵犯罪或者冤假错案的发生。进一步而言,认罪认罚从宽制度与"以审判为中心"关系的核心要素为法官能否反向制约侦诉活动,法院是否享有实质审判权。[①]从程序法视角来看,强化审判阶段人民法院对于认罪认罚案件量刑建议的审查,有助于巩固"以审判为中心"的改革成果。

一方面,强化审判阶段人民法院对于认罪认罚案件量刑建议的审查,有助于倒逼审前程序合法化。随着刑事诉讼阶段的不断推进,认罪认罚案件中的量刑建议依次经历了案件证据收集、量刑建议生成、量刑建议采纳的发展历程。由于侦查机关天然具备刑事追诉的特质,其在案件证据收集阶段大都具备两种实践倾向:一是重视对于定罪证据的收集,实践中大量存在侦查机关为获取定罪证据而对犯罪嫌疑人采用肉刑或变相肉刑逼取口供的行为;二是忽视对于量刑证据的收集,实践中侦查机关往往缺乏全面收集量刑证据,尤其是有利于被追诉人的量刑证据的动力。不仅如此,受"诉讼效率至上"理念的影响,检察机关大多怠于就量刑证据本身开展全面调查,而是直接根据侦查机关移送的案件证据形成量刑建议。与此同时,检察机关大多采用单方决断而非双方协商的方式作出量刑建议,以求避免控辩双方相互交涉所可能导致的诉讼拖延。显然,案件证据收集的片面性、量刑建议生成的单方性有违认罪认罚者对量刑从宽的合理预期,不利于保

---

① 参见褚福民《认罪认罚从宽与"以审判为中心"关系的理论反思》,《苏州大学学报》(哲学社会科学版)2020年第5期。

障被追诉人对正当程序的合法追寻。而确立审判阶段人民法院对于认罪认罚案件量刑建议的审查机制，符合认罪认罚从宽制度的改革初衷，且有助于反推侦查机关全面收集量刑证据、检察机关积极开展量刑协商，从而为认罪认罚案件审前程序的合法化增添保障。

另一方面，强化审判阶段人民法院对于认罪认罚案件量刑建议的审查，有助于促进审判程序实质化。在审判环节，如若人民法院仅针对认罪认罚案件中的量刑建议进行形式审查，抑或对认罪认罚案件中的量刑建议不予审查，其实质均为人民法院对公检两机关"联合"拟定量刑建议的全盘接受与对被追诉人正当诉讼权益的实际忽视。无疑，这种流于形式的审查方式，有损人民法院客观公正的诉讼立场，不利于保障控辩双方诉讼地位的实质平等，并将最终影响人民法院司法公信力的有效建构。由是，在审判阶段，应当强化人民法院对于认罪认罚案件量刑建议的有效审查，也就是说，通过确立人民法院居中裁断、控辩双方平等参与的审查机制，增进认罪认罚案件量刑建议采纳程序的公开性、透明度，从而在合理规制认罪认罚案件检察机关量刑建议权、积极保障认罪认罚案件被追诉人合法诉讼权益的同时，实现量刑建议审查程序中的"看得见的正义"。

三　契合刑事诉讼效率化改革目标

不可否认，对诉讼效率的追求催生了认罪认罚从宽制度。① 从中央精神来看，新一轮司法体制改革的重要任务之一在于"科学调配和高效运用审判资源，依法快速审理简单案件，严格规范审理复杂案件，实现简案快审、繁案精审"②。由此，对诉讼效率的保障也成为了认罪认罚案件量刑建议审查机制建构的重要内容。从表面上看，对

---

① 参见汪建成《以效率为价值导向的刑事速裁程序论纲》，《政法论坛》2016年第1期。
② 《最高人民法院关于进一步推进案件繁简分流优化司法资源配置的若干意见》，《人民法院报》2016年9月14日第4版。

认罪认罚案件中的量刑建议进行审查，会放缓认罪认罚案件的庭审进程、损及认罪认罚案件的效率提升。但是，就实际而言，强化审判阶段人民法院对于认罪认罚案件量刑建议的审查，非但无损于当前深化司法体制改革之优化资源配置目标的实现，反而有助于在更为广阔的层面上保障认罪认罚从宽制度之提升诉讼效率任务的达成。具体而言，一方面，在一审程序中，只有强化人民法院对于认罪认罚案件量刑建议的审查，才能有效避免被追诉人审后上诉、滥诉现象的发生；另一方面，在上诉审程序中，只有强化人民法院对于认罪认罚案件量刑建议的审查，才能及时遏制被追诉人审后上访、缠访问题的出现。综上，对认罪认罚案件中的量刑建议进行审查，无损于刑事诉讼效率化的改革目标，是认罪认罚从宽制度效率化改革的应有之义。

第二节　认罪认罚案件量刑建议审查机制的实践缺位

不可否认，强化审判阶段人民法院对于认罪认罚案件量刑建议的审查，既有助于推动认罪认罚案件实现实体公正，也有助于保障认罪认罚案件达致程序公正，同时也契合司法体制改革的效率目标。但是，从审判实践反馈的情况来看，对于认罪认罚案件中的量刑建议，人民法院存在一审审理程序审查失范、二审审级程序审查乏力等现实问题。总体而言，认罪认罚案件量刑建议审查机制缺位现象普遍存在且极其严重。

一　审理程序中法院对量刑建议的审查失范

相关数据显示，在认罪认罚从宽制度试点工作开展的第一年，"对于认罪认罚案件，检察机关审查起诉平均用时 26 天，人民法院 15 日内审结的占 83.5%。适用速裁程序审结的占 68.5%，适用简易程序审结的占 24.9%，适用普通程序审结的占 6.6%。当庭宣判率为 79.8%，其中速裁案件当庭宣判率达 93.8%"。① 由此，2017 年度人民法院适用刑事简化程序审理的认罪认罚案件占同期认罪认罚案件总数的 93.4%，尽管这一数据在 2018 年《刑事诉讼法》修改后的制度实施中有所回落，② 但整体上仍然保持高位发展的态势。虽然认罪认罚从宽制度的施行对于提高刑事案件诉讼效率、促进司法资源优化配置具有重要意义，但是，在过往认罪认罚案件的一审审理实践中，大量存在着人民法院对认罪认罚案件量刑建议审查失范的情形。

（一）采纳标准与调整标准界定模糊

所谓认罪认罚案件量刑建议的审查标准，是指人民法院据以衡量检察机关所提量刑建议合法、合理与否的基本准则。虽然 2018 年《刑事诉讼法》及 2019 年"两高三部"《指导意见》对认罪认罚案件量刑建议的审查标准均有所提及，但经仔细研究发现，已拟定的量刑建议审查标准在一定程度上存在着界定模糊的问题。

第一，认罪认罚案件量刑建议的采纳标准不清，致使人民法院对检察机关所提量刑建议的采纳率畸高。如前文所述，2018 年《刑事诉讼法》第二百零一条第一款包括"原则采纳"与"例外不采"两部分内容，因"例外不采"中的五种法定情形实质等同于认罪认罚从宽制度的排除条件，故该条款的实践导向为除了不符合认罪认罚从宽制度适用条件的案件，人民法院"一般应当"采纳检

---

① 周强：《关于在部分地区开展刑事案件认罪认罚从宽制度试点工作情况的中期报告》，《人民法院报》2017 年 12 月 24 日第 2 版。

② 官方数据公布，2018 年《刑事诉讼法》修改后，对于检察机关适用认罪认罚从宽制度办理的案件，法院采用刑事速裁程序审理的占 27.6%，适用刑事简易程序审理的占 49.4%，适用普通程序审理的占 23%。参见张军《最高人民检察院关于人民检察院适用认罪认罚从宽制度情况的报告——2020 年 10 月 15 日在第十三届全国人民代表大会常务委员会第二十二次会议上》，《检察日报》2020 年 10 月 17 日第 2 版。

察机关的量刑建议。① 在此基础上，2019 年"两高三部"《指导意见》第四十条规定，对于人民检察院提出的量刑建议，若"事实清楚，证据确实、充分，指控的罪名准确，量刑建议适当"的，人民法院应当予以采纳；但若存在"可能影响公正审判的情形"的，人民法院则应不予采纳。显然，该规定采用"正向规定"与"反向排除"相结合的方法确立了审判阶段人民法院对认罪认罚案件量刑建议的审查标准。但是，无论是"事实清楚，证据确实、充分，指控的罪名准确，量刑建议适当"这一正向采纳标准，还是"可能影响公正审判的情形"这一反向排除标准，均因用语的概括化、抽象化而致使认罪认罚案件量刑建议的采纳标准处于不确定状态。在量刑建议采纳标准模糊不清的情形下，《刑事诉讼法》有关人民法院"一般应当"采纳检察机关所提量刑建议的规定，实际上为人民法院审查与采纳认罪认罚案件中的量刑建议提供了一般准则。在实践中，因认罪认罚案件量刑建议的采纳标准不清而导致人民法院对检察机关所提量刑建议的采纳率畸高的现象普遍存在。通过梳理第三章中的 522 份故意伤害案件判决书发现，人民法院对认罪认罚案件量刑建议的采纳情况大体呈现出两方面特征：一是对于检察机关提出的精准化量刑建议，人民法院几乎直接予以采纳。在 522 份故意伤害案件判决书中，有 147 份判决书显示检察机关对被追诉人提出了精准化量刑建议，而在这 147 份样本案例中，只有 6 名被追诉人的量刑建议未被人民法院采纳。由此，对于检察机关提出的精准化量刑建议，人民法院的采纳率达致 95.9%。二是对于检察机关提出的幅度刑量刑建议，人民法院大多在量刑建议刑度"中间线"及以下作出刑罚裁量。在 522 份故意伤害案件判决书中，有 372 份判决书显示检察机关对被追诉人提出了幅度刑量刑建议，而在这 372 份

---

① 参见闫召华《论认罪认罚案件量刑建议的裁判制约力》，《中国刑事法杂志》2020年第1期。

样本案例中，有343名被追诉人被人民法院判处了检察机关所提量刑建议刑度"中间线"及以下的刑罚裁量，占全部幅度刑量刑建议的92.2%。上述实证结果与全国认罪认罚案件中量刑建议高采纳率的总体情况相吻合，①且与诸多学者的实证调研成果相互印证②。不可否认，对过高量刑建议采纳率的追求不仅反映出既有认罪认罚案件量刑建议审查标准的虚无化，也会加剧认罪认罚案件量刑建议审查程序的形式化。

第二，认罪认罚案件量刑建议的调整标准不明，导致人民法院对不当量刑建议的调整机制无法落到实处。2019年"两高三部"《指导意见》第四十一条规定，人民法院认为量刑建议"明显不当"，或者被追诉人对量刑建议有异议且"有理有据"的，人民法院应当告知人民检察院调整量刑建议，并且，只有当人民检察院不调整量刑建议或者调整后仍然"明显不当"的，人民法院才能依法作出判决。一方面，该条文规定了人民法院告知人民检察院调整量刑建议的前提条件，即人民法院认为量刑建议"明显不当"，或者被追诉人对量刑建议有异议且"有理有据"。但是，对于何为量刑建议"明显不当"，即量刑建议对量刑结果应偏离到何种程度，该

---

① 例如，依据官方公布数据，2019年1月至2020年8月，全国范围内人民法院对认罪认罚案件量刑建议的采纳率达致87.7%，对确定刑量刑建议的采纳率达致89.9%；且部分地区人民法院对认罪认罚案件量刑建议的采纳率高达97.5%。参见张军《最高人民检察院关于人民检察院适用认罪认罚从宽制度情况的报告——2020年10月15日在第十三届全国人民代表大会常务委员会第二十二次会议上》，《检察日报》2020年10月17日第2版。又如，有数据显示，2016年11月至2017年7月，部分地区人民法院对认罪认罚案件量刑建议的采纳率达致100%。参见余东明、韦贵莲《上海青浦：适用认罪认罚从宽制度大幅提升办案效率》，《法制日报》2017年7月9日第2版。再如，有数据表明，2018年10月至2019年5月，部分地区人民法院对认罪认罚案件量刑建议的采纳率达致98%。参见范跃红、张永睿《认罪认罚案件量刑建议采纳率达98%》，《检察日报》2019年5月8日第2版。

② 参见杨立新《认罪认罚从宽制度理解与适用》，《国家检察官学院学报》2019年第1期；陈国庆《量刑建议的若干问题》，《中国刑事法杂志》2019年第5期；周新《认罪认罚案件中量刑从宽的实践性反思》，《法学》2019年第6期；孙皓《量刑建议的"高采纳率"误区》，《中外法学》2021年第6期。

条文并未予以明确规定；且对于何为量刑异议"有理有据"，即量刑异议据以提出的基础证据应达致何种标准，该条文也未予以详细阐释。在实践中，出于避免诉讼程序中断、加快庭审审理进度的考虑，人民法院往往怠于向人民检察院发出调整量刑建议的告知书。另一方面，该条文规定了人民法院自行调整量刑建议的前置程序，即人民检察院不调整量刑建议，或者调整后仍然"明显不当"。如前所述，对于何为经检察机关调整后的量刑建议仍然"明显不当"，该条文并未予以清晰界定；加之司法解释规定前置程序本身所体现出来的鼓励检察机关调整量刑建议的实践倾向，最终致使人民法院缺乏对不当量刑建议进行合理调整的实际动力。由此，人民法院对不当量刑建议的调整机制无法落到实处，认罪认罚案件量刑建议的最后一道把关程序形同虚设。

（二）量刑建议审查程序流于形式

2018年《刑事诉讼法》及2019年"两高三部"《指导意见》均指出，一方面，对于适用刑事普通程序审理的认罪认罚案件，可以适当简化法庭调查程序与法庭辩论程序；对于适用刑事简易程序审理的认罪认罚案件，可以简化法庭调查程序与法庭辩论程序；对于适用刑事速裁程序审理的认罪认罚案件，不受刑事诉讼法规定的送达期限的限制，一般不进行法庭调查、法庭辩论。另一方面，无论适用何种程序审理认罪认罚案件，人民法院均应审查被追诉人认罪认罚的自愿性和认罪认罚具结书的真实性、合法性。然而，对于认罪认罚案件量刑建议的审查程序，实践中却出现了"一简到底"的局面。

第一，庭审阶段律师参与不到位，致使人民法院缺乏对认罪认罚案件量刑建议进行审查的前提。2019年"两高三部"《指导意见》第十条明确规定，被追诉人自愿认罪认罚，没有辩护人的，人民法院应当通知值班律师为其提供法律咨询、程序选择建议、申请变更强制措施等法律帮助。而在我国被追诉人委托辩护律师比例极低的情况下，值班律师机制成为了认罪认罚从宽制度顺利推进的重要举措。但是，从值班律师机制的实际运行来看，审判阶段值班律师对于认罪认罚案件量刑建议审查程序的参与情况并不理想。具体而言，一方面，值班律师出庭辩护比率低。在实践中，因适用刑事简化程序审理的认罪认罚案件简化或省略法庭调查和法庭辩论环节，导致值班律师不出庭辩护的案件比比皆是。例如，通过对 L 省 S 市人民法院进行调研发现，在法庭审理阶段，值班律师原则上不出庭辩护，只有当被追诉人向法院申请法律援助时，值班律师才可能转换为指定辩护律师，出庭履行辩护职能。又如，有学者在对某市基层人民法院一审审结认罪案件裁判文书进行调研时发现，2017 年至 2018 年，值班律师出庭案件数及出庭率均为 0。① 再如，有学者在对福清市司法机关进行调研时发现，对于适用刑事速裁程序审理的认罪认罚案件，值班律师均以无"辩护人"身份为由，而拒绝参与到庭审辩护中。② 另一方面，值班律师量刑辩护质量差。在实践中，即使值班律师参与到庭审过程中，也往往显得非常消极、被动，其并不对公诉机关所提量刑建议发表任何意见。例如，对于诸多人民法院发现检察机关遗漏趋轻量刑情节，从而在量刑建议幅度以下作出刑罚处断的认罪认罚案件，值班律师在庭审阶段均未提出任何量刑异议。③ 无论是值班律师不出庭辩护，还是值班律师量刑辩护质量差，均会引发"形式上"控辩双方地位不平等、"实质上"控辩双方能力不均衡的问题。由于审判阶段控辩双方无法就量

---

① 参见白宇《审辩协同：认罪自愿性及真实性的有效保障——基于 A 市认罪案件审辩关系的实证分析》，《辽宁大学学报》（哲学社会科学版）2019 年第 3 期。

② 参见顾永忠、肖沛权《"完善认罪认罚从宽制度"的亲历观察与思考、建议——基于福清市等地刑事速裁程序中认罪认罚从宽制度的调研》，《法治研究》2017 年第 1 期。

③ 参见臧德胜、杨妮《论值班律师的有效辩护——以审判阶段律师辩护全覆盖为切入点》，《法律适用》2018 年第 3 期。

刑问题展开实质对质，因此，人民法院缺乏对认罪认罚案件量刑建议进行有效审查的前提。

第二，庭审阶段法官履职走过场，导致人民法院欠缺对认罪认罚案件量刑建议进行审查的内核。2019年"两高三部"《指导意见》第三十九条明确指出，在法庭审理阶段，人民法院应当对被追诉人认罪认罚的自愿性、具结书的真实性和合法性进行核实；并可以围绕定罪量刑的关键事实，对被追诉人认罪认罚的自愿性、真实性等进行发问，确认被追诉人是否实施犯罪，是否真诚悔罪。实质上，《指导意见》规定人民法院对于认罪认罚案件量刑建议予以审查的义务，旨在强化人民法院对认罪认罚从宽制度的司法控制。但是，由于欠缺对审查方式、不审查制裁等问题的细化规定，实践中人民法院对于认罪认罚案件量刑建议的审查程序存在着严重的"走过场"现象。概括来说，一方面，在法庭审理过程中，人民法院倾向于对认罪认罚案件中的量刑建议进行"形式"审查。笔者在对L省S市人民法院进行调研时，旁观了一场认罪认罚案件的庭审审判，该场庭审适用刑事速裁程序对4起危险驾驶案件进行集中审判。开庭审理时，由3人组成合议庭进行审判，且公诉人到庭履行公诉职责，但并无值班律师参与，也无证人到场作证。在公诉人简要宣读完起诉书后，法官便开启了"快问快答"的审理模式：法官仅就被追诉人是否实施被指控的犯罪、是否同意并签署认罪认罚具结书、是否同意适用刑事速裁程序等问题依次向4位被告人进行例行询问，而并未针对4起案件的定罪事实、量刑事实等内容进行有效审查，并在得到4位被告人的肯定回复之后，当场进行了集中宣判。笔者发现，这4起认罪认罚案件审理时长共计12分钟，整个庭审过程"走过场"意味浓重。另一方面，在法庭审理过程外，人民法院往往对认罪认罚案件中的量刑建议进行"实质"审查。调研发现，迫于提高认罪认罚案件庭审效率与法官错案终身追责机制的双重压力，办案法官不得不在庭前阶段对检察机关移送的案卷材料进行全面研究，并在开庭前对检察机关所提量刑建议是否合理形成预断。然而，由于检察机关移送的卷宗多呈现为控诉方单方提供的证据材料，且开庭审理中并不能排除新的量刑事实、量刑证据出现的可能，因此，法官于开庭审理前对认罪认罚案件中的量刑建议进行"实质"审查，实质上是对检察机关单方所作量刑建议合法化的简单"背书"与无条件"确认"。无疑，此举会进一步加剧庭审阶段人民法院对认罪认罚案件量刑建议审查的虚无化。

（三）量刑裁判说理机制凸显空白

庭审阶段量刑裁判说理机制的缺失，致使人民法院缺少对认罪认罚案件量刑建议进行审查的制约。虽然2019年"两高三部"《指导意见》第四十条明确规定，人民法院不采纳人民检察院量刑建议的，应当说明理由和依据，且多年来理论界始终着力建构与强化裁判文书中的量刑说理制度，[①] 但是，在认罪认罚从宽制度的实践过程中，无论人民法院是否采纳检察机关所提量刑建议，其似乎均未对此进行实质说理。通过对"中国裁判文书网"上的大量认罪认罚案件裁判文书进行研读与分析，笔者发现，认罪认罚案件裁判文书中的"量刑说理"部分大体呈现出两种实践样态：一是人民法院直接表明，检察机关所提量刑建议合法、合理，本院予以采纳。例如，"蒋旭灿受贿案"判决书中的量刑理由部分写道："公诉机关提出的量刑建议及辩护人提出的相关辩护意见符合法律规定，本院予以采纳。"[②] 又如，"崔彬尧走私、贩卖、运输、制造毒品案"判决书中的量刑理由部分指出："公诉机关的量刑建议适当，本院予

[①] 代表性成果参见康黎《量刑说理初探》，《中国刑事法杂志》2008年第6期；彭文华《量刑说理：现实问题、逻辑进路与技术规制》，《法制与社会发展》2017年第1期。

[②] 浙江省宁波市中级人民法院（2019）浙02刑初140号"蒋旭灿受贿"一审刑事判决书。

以采纳。"① 二是人民法院简单罗列据以作出刑罚裁量的量刑情节，且在不详细阐述各量刑情节对刑罚裁判所产生的具体影响力的情况下，粗略得出最终的量刑结论。例如，"李春红走私普通物品案"判决书中的量刑理由部分写道："鉴于李春红具有自首、主动预缴全部罚金及认罪悔罪等情节，依法可对其从轻处罚，并适用缓刑。"② 又如，"郝铮诈骗案"判决书中的量刑理由部分指出："被告人郝铮自动投案，其到案后能如实供述所犯罪行，系自首，且自愿认罪认罚，其家属代其退缴部分赃款，故依法对其予以从轻处罚。"③ 与前述实践问题相应的是，因对量刑裁判说理机制缺失的程序性后果界定不清，引发了认罪认罚案件量刑说理制度的进一步空泛化。实质上，庭审阶段量刑裁判说理机制的建构，有助于反向推动人民法院对认罪认罚案件中的量刑建议进行有效审查；与之相反，庭审阶段量刑裁判说理机制的缺失，则会直接导致人民法院怠于对认罪认罚案件中的量刑建议进行有效审查。不仅如此，人民法院对量刑裁判理由进行抽象化、模糊化的处理方式，极大地降低了认罪认罚案件刑罚裁判的可接受度，且于实践中极易诱发上诉、抗诉等现实问题。

二 二审程序中法院对量刑建议的审查乏力

针对认罪认罚案件中的被追诉人能否因"量刑问题"提起上诉，当前刑事立法及司法解释均无明文规定，故根据"法无禁止即自由"的法理，认罪认罚案件中被追诉人的上诉权不应受到限制。但是，在过往的认罪认罚案件二审审理实践中，大量存在着人民法

---

① 贵州省六盘水市中级人民法院（2019）黔02刑初59号"崔彬尧走私、贩卖、运输、制造毒品"一审刑事判决书。
② 北京市第四中级人民法院（2019）京04刑初42号"李春红走私普通物品"一审刑事判决书。
③ 北京市第三中级人民法院（2019）京03刑初73号"郝铮诈骗"一审刑事判决书。

院对认罪认罚案件量刑建议审查乏力的情况。

（一）二审量刑建议审查程序启动受阻

相关数据显示，自 2016 年 11 月份开展认罪认罚从宽制度试点工作至 2017 年 11 月，认罪认罚案件中被告人的上诉率仅为 3.6%，检察机关抗诉率、附带民事诉讼原告人上诉率均不到 0.1%。① 截至 2018 年 11 月，在认罪认罚从宽制度试点改革的两年时间里，认罪认罚案件中被告人的上诉率仅为 3.6%，检察机关的抗诉率为 0.04%，附带民事诉讼原告人的上诉率为 0.05%。② 根据最高人民检察院公布的最新数据，2019 年 1 月至 2020 年 8 月，适用认罪认罚从宽制度办理的案件中，一审后被告人上诉率为 3.9%，低于其他刑事案件 11.5 个百分点。③ 据此，相较于普通刑事案件，认罪认罚案件中被告人的上诉率明显偏低，且这一现象在认罪认罚从宽制度实施的后续年份呈现延续之势。

笔者在 2019 年 12 月 18 日登录"无讼案例数据库"，以"认罪认罚""刑事""速裁程序""上诉""二审"为关键词进行检索，共获取有效二审裁判文书 645 份。经分析发现，在 645 份二审裁判文书中，有 636 份裁判文书中的被告人以"量刑过重"为由提起上诉，约占二审裁判文书总数的 98.6%。在这 636 份裁判文书中，只有 105 份裁判文书中的被告人提出了新的证据或理由，约占 636 份裁判文书总数的 16.5%；而其余 531 份裁判文书中的被告人要么没有提供任何新的证据或理由，要么只是对一审中既存量刑情节进行了简单重述，属于"空白

---

① 参见周强《关于在部分地区开展刑事案件认罪认罚从宽制度试点工作情况的中期报告》，《人民法院报》2017 年 12 月 24 日第 2 版。

② 参见王洋《认罪认罚从宽案件上诉问题研究》，《中国政法大学学报》2019 年第 2 期。

③ 参见张军《最高人民检察院关于人民检察院适用认罪认罚从宽制度情况的报告——2020 年 10 月 15 日在第十三届全国人民代表大会常务委员会第二十二次会议上》，《检察日报》2020 年 10 月 17 日第 2 版。

上诉",① 约占636份裁判文书总数的83.5%。以上数据表明，在仅存的认罪认罚从宽上诉案件中，绝大多数案件的被告人因"量刑问题"提起上诉；而在因"量刑问题"提起上诉的案件中，绝大多数案件又属于"空白上诉"。

针对认罪认罚从宽制度适用过程中出现的"空白上诉"问题，实务界及理论界均倾向于严格限制、直至取消被追诉人的上诉权。实务界的代表观点是，对于被追诉人为了拖延时间而滥用上诉权的问题，应当取消被追诉人的上诉权，实行一审终审制。对此，实践中又有两种具体设想：一是直接实行一审终审制。该观点认为，被追诉人认罪认罚后的上诉行为与推动案件繁简分流、优化司法资源配置、提高刑事诉讼效率等改革目标相违背，故应实行一审终审。② 不仅如此，由于认罪认罚从宽案件上诉率极低、涉及案件当事人极少，即便实行一审终审制，也不会给刑事司法实践增加太多的"错误成本"和"道德成本"。二是变相实行一审终审制。该观点主张，应当将被追诉人放弃上诉作为认罪认罚具结书中的必要内容，从而实现认罪认罚案件一审终审的目标。与之相应，虽然理论界对如何赋予被追诉人上诉权这一问题素有分歧，但却难以掩盖部分学者严格限制、直至剥夺被追诉人上诉权的真实目的。例如，有学者直接表明，如果被追诉人提出上诉的理由是因为量刑的问题，则不应当允许其提出上诉。③ 又如，有学者指出，应当区分一审审理程序，对于适用刑事普通程序审理的认罪认罚案件，应当赋予被追诉人以上诉的权利；对于刑事速裁程序审理的认罪认罚案件，则只能

---

① 有关"空白上诉"现象的具体分析，参见董坤《认罪认罚从宽案件中留所上诉问题研究》，《内蒙古社会科学》（汉文版）2019年第3期。
② 参见丁国锋《刑事速裁一审终审呼声渐高》，《法制日报》2015年11月2日第5版。
③ 参见虞浔《关于完善刑事案件认罪认罚从宽制度的思考》，《上海公安高等专科学校学报》2017年第1期。

赋予被追诉人以申诉的权利、但不能允许其提出上诉。① 然而，如前文所述，由于实践中适用刑事速裁程序审结的认罪认罚案件占比庞大，剥夺刑事速裁案件中认罪认罚者的上诉权，实质上会导致认罪认罚案件二审程序适用的全面受阻。

无论实务界还是理论界，其严格限制、直至取消被追诉人上诉权的观点，实质上剥夺了二审法院对认罪认罚案件中的量刑建议进行审查的前提与可能，由此进一步引发两方面问题：第一，无法发挥二审程序对诉讼权利的救济功能，难以保障被追诉人"认罚"的自愿性、真实性与合法性。认罪认罚从宽制度内含的核心环节在于审前"量刑协商"，由于控辩双方针对量刑问题存在着讨价还价的余地，故实践中大量充斥着控辩双方违法达成量刑从宽协议，或者被追诉人被迫接受检察机关单方所作量刑建议的情形。对此，若一审法院没有给予充分关注，那么二审程序的缺席则会直接导致被追诉人"认罚"的自愿性、真实性与合法性无法落到实处。第二，无法发挥二审程序对一审程序的监督功能，难以倒逼一审程序审查实质化。作为一审程序的监督机制，二审程序对于反向倒逼一审程序合法化发挥着重要作用。显然，在认罪认罚案件一审审查程序普遍流于形式的情况下，二审程序的缺位将会无助于一审程序对认罪认罚案件量刑建议审查的实质化。

（二）二审"书面审理"方式趋于常态

2016 年"两高三部"《试点办法》第二十三条规定，第二审人民法院对被告人不服适用刑事速裁程序作出的第一审判决提出上诉的案件，可以不开庭审理。2019 年"两高三部"《指导意见》第四十五条沿用了这一做法。据此，"两高三部"将认罪认罚案件的二审审理方式规定为"可以"不开庭审理。"可以"作为一种授权性

---

① 参见陈卫东《认罪认罚从宽制度研究》，《中国法学》2016 年第 2 期。

规范的表达方式，所体现出的是司法者的倾向性意见，即除了特殊情况之外，第二审人民法院对被告人不服适用刑事速裁程序作出的第一审判决提出上诉的案件，应当不开庭审理。也就是说，对被告人不服适用刑事速裁程序作出的第一审判决提出上诉的案件，第二审人民法院采用书面审理方式不需要特别理由，但采用开庭审理方式则需要特别理由。然而，通过与既有的规定进行比较，可以发现，"两高三部"前述"可以"不开庭审理的规定，易诱发认罪认罚案件二审庭审不开庭的"常态化"。对于普通刑事案件，2018年《刑事诉讼法》第二百三十四条第一款明确列举了二审法院"应当"开庭审理的几种情形。显然，相较于刑事速裁案件，普通刑事案件对二审法院"应当"开庭审理的要求更为严格。但是，从过往的二审审理实践来看，对开庭审理要求更为严格的普通刑事案件，二审开庭审理比率已然连年保持低位运行状态；那么，对开庭审理要求相对宽缓的刑事速裁案件，二审不开庭审理"常态化"几乎成为必然。

针对认罪认罚"量刑从宽"问题而提起的上诉，若二审法院"一刀切"地采用书面审理方式，实质上直接导致二审法院对认罪认罚案件量刑建议审查的形式化，并进一步招致两方面实践难题：第一，不利于认罪认罚案件中量刑争议问题解决的公正性。除了前文提及的"空白上诉"，认罪认罚案件中针对量刑问题的上诉理由还包括"因量刑建议未被采纳而上诉""因量刑依据的基础事实有误而上诉""因出现新的量刑情节而上诉""因存在明显的程序违法而上诉"等，[1] 此类上诉理由的共性在于，被追诉人对认罪认罚案件中已然达成的量刑建议存在实体上或程序上的异议。对此，若二审法院"一刀切"地采用书面审理方式，而拒绝通过开庭

---

[1] 参见牟绿叶《认罪认罚案件的二审程序——从上诉许可制展开的分析》，《中国刑事法杂志》2019年第3期。

审理方式调查核实相关证据、合理认证相关程序，将不利于认罪认罚案件中量刑异议的有效化解，更无助于认罪认罚案件中量刑争议问题的公正解决。第二，无助于认罪认罚案件中量刑争议问题处理的透明化。书面审理方式的基本特征是，二审法院法官通过"办公室作业"的方式，对被追诉人的上诉状及一审法院移送的全部卷宗材料进行审查，并在案件当事人不出庭参与的情况下，径行作出最终的判决或者裁定。基于"实用主义"而兴起的书面审理方式天然排斥控辩审三方诉讼构造，故此，若二审法院"一刀切"地采用书面审理方式，而拒绝通过组织控辩双方相互质证、相互辩论的方式重新确证认罪认罚案件量刑建议的合法性、合理性，将会严重影响认罪认罚案件中量刑争议问题解决的透明化，并将最终阻碍人民法院司法公信力的长效提升。更有学者指出，简化认罪认罚案件二审审理方式现象的背后，似乎蕴藏着变相限制被追诉人上诉权的意味。[1]

第三节 认罪认罚案件量刑建议审查缺位的原因剖析

无论是一审程序中法院对量刑建议的审查失范，还是二审程序中法院对量刑建议的审查乏力，均指向的是认罪认罚案件量刑建议审查机制缺位这一现实问题，而这一问题产生的背后既有浅层次的机制性原因，也有深层次的根本性原因。

一 审查缺位的机制性原因

（一）协商案件定向遴选

2010年最高人民检察院《量刑建议工作指导》第三条规定，

---

[1] 参见周新《法院审理认罪认罚案件疑难问题研究》，《法学论坛》2022年第1期。

"人民检察院对向人民法院提起公诉的案件，可以提出量刑建议"。2019年"两高三部"《指导意见》第五条规定，"认罪认罚从宽制度没有适用罪名和可能判处刑罚的限定，所有刑事案件都可以适用，不能因罪轻、罪重或者罪名特殊等原因而剥夺犯罪嫌疑人、被告人自愿认罪认罚获得从宽处理的机会"。由此，就规范层面而言，所有的刑事案件都可以适用认罪认罚从宽制度，且所有的公诉案件都可以提出量刑建议。但是，从实践情况来看，几乎所有适用认罪认罚从宽制度并提出量刑建议的刑事案件都是经过公诉机关谨慎筛选出来的案件。例如，笔者在对S市及下辖司法机关进行调研时发现，在认罪认罚从宽制度试点工作期间，S市及下辖检察机关提出量刑建议的认罪认罚案件数量仅占据这一时期刑事案件总数的12.3%；而在认罪认罚从宽制度推广工作期间，S市及下辖检察机关提出量刑建议的认罪认罚案件数量也仅占据这一阶段刑事案件总数的25.1%。不仅如此，S市及下辖检察机关提出量刑建议的认罪认罚案件大多局限于当时最高人民法院《关于常见犯罪的量刑指导意见》中所涉及罪名的案件与轻罪案件。由于这类案件要么已有较为清晰的量刑指引，要么案件情节相对简单、量刑争议相较和缓，因此，检察机关对这类案件适用认罪认罚从宽制度并提出量刑建议的信心更足。正因为检察机关在审前阶段已将情节疑难复杂、量刑争议巨大的案件排除于认罪认罚从宽制度适用之外，从而间接解除了人民法院量刑不公的后顾之忧，并为一审阶段及二审阶段人民法院对认罪认罚案件量刑建议的过场化审查埋下了伏笔。

（二）量刑信息来源封闭

从实践反馈来看，人民法院据以审查认罪认罚案件量刑建议的基础事实来源相对封闭。具体而言，一方面，辩护方提供的有利于被追诉人的量刑信息数量极其有限。在认罪认罚从宽制度中，执业律师对于提供有利于被追诉人的量刑信息、增强被追诉人的应诉能力、保障被追诉人的量刑利益发挥着至关重要的作用。然而，我国司法实践中存在着"值班律师参与率低"与"值班律师参与度低"两大实践难题。由于值班律师怠于会见犯罪嫌疑人、查阅案卷材料、搜集案件证据，致使审判阶段辩护方向人民法院提供的有利于被追诉人的量刑信息数量极其有限。另一方面，控诉方提供的不利于被追诉人的量刑信息占比相当巨大。根据2010年最高人民检察院《量刑建议工作指导》第二条的规定，人民检察院"应当从案件的实际情况出发，客观、全面地审查证据"。但是，实践中检察机关据以认定犯罪性质、拟定量刑建议并移送审查起诉的定罪证据及量刑证据几乎全部来源于侦查机关及其委托机构。由于侦查机关天然具备刑事追诉的特质，其大多重视对不利于被追诉人的定罪证据的收集，而忽视对有利于被追诉人的量刑证据的收集，最终导致检察机关向人民法院移送的不利于被追诉人的量刑信息占比相当巨大。综上，正因为人民法院据以审查认罪认罚案件量刑建议的基础事实来源所具有的"主体单一"与"属性单一"的特点，实际上剥夺了一审人民法院及二审人民法院对认罪认罚案件量刑建议进行客观、全面审查的前提与可能。

（三）检法机关庭外合意

2019年"两高三部"《指导意见》第三十九条规定，人民法院在"庭审中"应当对认罪认罚的自愿性、具结书内容的真实性和合法性进行审查核实。从应然层面来看，人民法院对认罪认罚案件中的量刑建议进行审查与采纳的时间应被严格限定在法庭审理阶段；但就现实情况而言，人民法院对认罪认罚案件中的量刑建议予以审查与采纳的时间被实际扩展到了法庭审理之外。① 进一步来说，在

---

① 例如，安徽省六安市叶集区人民法院提出了"法官提前介入程序"，参见胡云腾《完善认罪认罚从宽制度改革的几个问题》，《中国法律评论》2020年第3期；又如，河南省郑州市管城区人民检察院确立了"认罪认罚量刑建议阐释模式"，参见丁红兵、钱堃《以量刑阐释为抓手提升认罪认罚适用水平》，《检察日报》2019年8月4日第3版。

认罪认罚案件中，真正促使人民法院采纳检察机关所提量刑建议的原因并不是审判阶段办案法官对量刑建议的有效审查，而是检法两机关在庭外针对量刑问题所进行的充分沟通与反复交流。具体而言，对于控辩双方量刑分歧较大的认罪认罚个案，检察机关往往在量刑建议拟定之前便与同级人民法院交流量刑观点、询问量刑意见，以求确证量刑建议适当性、保障量刑建议采纳率。而当一审人民法院对检察机关所提询问意见把握不准时，其大多倾向于向上级人民法院征询量刑意见，从而规避案件上诉后可能带来的改判风险。由此，在法庭审理之外，法检两机关对认罪认罚案件量刑建议的实质合意，促成了一审人民法院对认罪认罚案件量刑建议审查的过场化；而法法两机关对认罪认罚案件量刑建议的预先沟通，加剧了二审人民法院对认罪认罚案件量刑建议审查的书面化。

（四）绩效考核机制制约

2018年《刑事诉讼法》第二百零一条规定，对于认罪认罚案件，人民法院依法作出判决时，"一般应当"采纳人民检察院指控的罪名和量刑建议。但是，2019年"两高三部"《指导意见》第四十条在对该条文进行解释时，隐去了"一般应当"的表述，而是具体限定为对于"事实清楚，证据确实、充分，指控的罪名准确，量刑建议适当"的，人民法院应当采纳。从这一细微变化发现，认罪认罚案件中检察机关所提量刑建议对人民法院不具备强制拘束力。与之相应，笔者在走访中发现，从主观层面来看，部分办案法官对检察机关所提量刑建议的质量评价不高，且绝大多数法官担心其独立享有的刑罚裁量权会受到不当侵扰而不情愿受制于检察机关所提量刑建议。然而，从客观层面来看，由于受到抗诉率、上诉率等考核机制的制约，办案法官不得不对控辩双方已然达成的量刑协议予以全面认可。在实践中，多地法院系统将检察机关抗诉率、被追诉方上诉率作为考核法官办案质量的重要指标。当检察机关认为法院不采纳量刑建议缺乏依据而提起抗诉，或者被追诉人认为法院所作刑罚裁量明显不当而提起上诉时，法院内部将对该办案法官施以扣分、扣奖金等处分措施。由此，在控辩双方已然就认罪认罚案件中的量刑建议达成一致的情况下，办案法官一般会对该量刑建议不加审查而予以直接认可，以避免庭审后抗诉、上诉情形的发生。综上，将检察机关抗诉率、被追诉方上诉率作为绩效考核指标的做法，易导致认罪认罚案件量刑建议审查标准的弱化，并致使认罪认罚案件量刑建议的审查程序流于形式。

二 审查缺位的根本性原因

（一）侦查中心主义

2014年10月，党的十八届四中全会将"以审判为中心的诉讼制度"设想确立为我国司法体制改革的重要任务。但是，从长期的刑事司法实践来看，我国刑事诉讼尚未形成"审判中心主义"的诉讼格局，而保留了"侦查中心主义"的诉讼构造。所谓"侦查中心主义"，是指公检法三机关分别在侦查阶段、审查起诉阶段、审判阶段具备权威裁判者的地位，并通过前后接力、相互配合、相互补充的方式，共同推动刑事诉讼的进程、实现刑事诉讼法的任务。[①] "侦查中心主义"的核心特征之一在于，检察机关通过向审判机关移送侦查机关制作的卷宗材料，致使法庭审判沦为对侦查机关移送案卷材料的形式确认过程，而失去了对案件事实与量刑建议进行有效审查的能力。[②] 具体到认罪认罚从宽制度中，在"侦查中心主义"诉讼理念的影响之下，一方面，检察机关制作的量刑建议与审判机关作出的量刑裁决所依据的量刑信息几乎全部来源于侦查机关

[①] 参见陈瑞华《刑事诉讼的前沿问题》（上册），中国人民大学出版社2016年版，第277页。

[②] 参见陈瑞华《刑事诉讼的前沿问题》（下册），中国人民大学出版社2016年版，第519页。

移送的卷宗材料，即"卷宗里包含的文件……为初始决策和复核决策提供基础的信息源"①。另一方面，在庭审之前，办案法官大多已就卷宗材料进行审查并形成内心确信；而在庭审阶段，办案法官往往仅对案件事实和量刑信息进行粗略审查与简单确认。是故，无论是一审审理环节，还是二审审理阶段，人民法院对认罪认罚案件量刑建议的审查缺位现象普遍存在。在一审阶段，人民法院对量刑建议的审查缺乏实体标准，且整个审查程序近乎流于形式；在二审阶段，人民法院对因量刑问题提起的上诉予以限制，并对受理的上诉审案件采取不开庭审理的方式。

（二）结果中心主义

从现有的操作实践来看，人民法院对认罪认罚案件量刑建议的审查方法遵循了"结果中心主义"的基本理念。"结果中心主义"价值立场通常以提高诉讼效率为基本导向，并以量化结果作为评判制度改革有效与否的唯一标准。② 在"结果中心主义"价值立场的支配下，正当过程往往须向功利结果让步，即为了达致功利性的结果，制度实施中可以降低对过程正当性的追求、转而采用一些非常的手段与方法。具体到认罪认罚从宽制度中，在"结果中心主义"诉讼理念的影响之下，确立认罪认罚案件量刑建议的审查机制能否化解人案矛盾、提高刑事诉讼效率，实际上成为了衡量认罪认罚从宽制度成功与否的重要标准。概括而言，一方面，评判认罪认罚从宽制度改革是否富有成效的量化标准之一为，人民法院在对认罪认罚案件中的量刑建议予以审查的过程中，是否尽可能地压缩"庭审时间"，从而在单位时间内办理更多的刑事案件。由是，一审阶段人民法院对认罪认罚案件中的量刑建议进行快速审查、二审阶段人

---

① ［美］米尔伊安·R.达玛什卡：《司法和国家权力的多种面孔——比较视野中的法律程序》，郑戈译，中国政法大学出版社2004年版，第76—77页。

② 参见吴思远《论协商性司法的价值立场》，《当代法学》2018年第2期。

民法院对认罪认罚案件中的量刑建议进行书面审查成为实践常态。另一方面，评判认罪认罚从宽制度改革是否富有成效的量化标准之二为，人民法院通过对认罪认罚案件中的量刑建议进行审查，能否实际降低案件"上诉率"或"抗诉率"，从而以最小的司法资源投入达致案结事了、定纷止争的实施效果。是故，对于控辩双方已然达成的量刑协议，人民法院往往采用模糊解读量刑建议采纳标准、调整标准等方式，提高认罪认罚案件量刑建议的采纳率，以避免事后案件上诉率、抗诉率的增加。诚然，"结果中心主义"视域下的量化改革思路具有直观、高效的一面，但是，这一改革思路极可能引发因追求短期效率而忽视长远效率、因探寻表层价值而漠视深层价值的问题。

第四节　认罪认罚案件量刑建议审查机制的建构路径

在"侦查中心主义"与"结果中心主义"两种价值立场的作用之下，认罪认罚案件量刑建议的审查缺位会导致认罪认罚案件刑罚裁量公正性的缺失。具体而言，一方面，易造成量刑实体非正义。由于侦查机关天然缺乏全面搜集有利于被追诉人量刑信息的动力，故检察机关依据侦查机关移送卷宗材料制作的量刑建议的准确性有待考查，此时，若人民法院出于缩短庭审时间、提高审判效率的考虑而仅对检察机关拟定的量刑建议进行形式确认与简单采纳，无疑会增加认罪认罚案件量刑实体不公的机率与风险。另一方面，易招致量刑程序非正义。在庭前阶段，办案法官便就卷宗材料进行审查，并对检察机关所作量刑建议形成"先入为主"的预判，易导致法官于庭审过程中难以保持客观、中立的地位；不仅如此，在二审阶段，针对量刑争议较大的认罪认罚案件，办案法官不采用诉讼化的开庭审理方式，而一刀切地选择"办公室作业"的书面审理方式，易造成量刑建议审查程序的不公开、不透明。

有鉴于此，应当以"审判中心主义"与"过程中心主义"价值理念作为指导，建构认罪认罚案件量刑建议的审查机制，以便在保障认罪认罚案件刑罚裁量公正底线的基础上，兼顾认罪认罚案件诉讼效率的提高。大体而言，一方面，应当在"审判中心主义"的价值立场下建构认罪认罚案件量刑建议的审查机制。所谓"审判中心主义"，是指应突出审判程序在刑事诉讼中的中心地位，以法院的裁判标准来审查刑事侦查与起诉的质量，从而保障法律的统一实施。在"审判中心主义"基本理念的影响之下，人民法院应当确立对认罪认罚案件量刑建议进行审查的实体标准与具体流程，从而避免受到"流水作业式"诉讼构造及"案卷中心主义"审判方式的不利影响，促进认罪认罚案件刑罚裁量公正底线的实现。另一方面，应当在"过程中心主义"的价值立场下建构认罪认罚案件量刑建议的审查机制。所谓"过程中心主义"，是指应凸显正当程序在刑事诉讼中的重要地位，以诉讼程序是否正当作为制度革新的评判标准。在"过程中心主义"基本立场的作用之下，人民法院应当坚守对认罪认罚案件量刑建议进行有效审查的程序底线，从而防止受到诉讼效率至上等功利性思维的过度侵扰。

一 审理程序中法院对量刑建议的审查

（一）明确量刑建议的审查标准

对于检察机关量刑建议对人民法院的拘束力这一问题，目前各国立场基本一致，即量刑应被视为法官固有的职权。针对量刑权的实际归属问题，国外曾经历过一场变革。1984年美国联邦量刑指南的创制，在竭尽所能地缩减法官量刑裁量权的同时，也无限扩张了检察机关对最终量刑结果的控制权。[①] 由于美国联邦量刑指南"过于机械""过分地捆住法官手脚",[②] 2005 年美国联邦最高法院在美国诉布克尔（United States v. Booker）一案中,明确表示联邦量刑指南的效力从"强制性"向"参考性"转变。自此,正式终结了检察机关实质掌控量刑权的局面,量刑权实现了从检察系统向法院系统的回归,且这一立场从比较法角度来看已无例外。[③] 基于此,在我国的刑事诉讼制度中,无论是普通刑事案件还是认罪认罚案件,检察机关的量刑建议权均应被定性为量刑请求权。进一步而言,检察机关所提量刑建议对人民法院不具有强制拘束力,人民法院对最终量刑结果享有决定权。在认罪认罚案件中,为了使人民法院的量刑权落到实处,办案法官应对检察机关所提量刑建议进行审查,而法院审查的实现则有赖于审查标准的确立。

第一,明晰量刑建议的采纳标准。明晰认罪认罚案件量刑建议的采纳标准,是人民法院对认罪认罚案件量刑建议进行审查的基本前提。通过解读 2019 年"两高三部"《指导意见》第四十条所规定的"事实清楚,证据确实、充分,指控的罪名准确,量刑建议适当"这一正向采纳标准,以及"其他可能影响公正审判的情形"这一反向排除标准,可以提炼出认罪认罚案件量刑建议的实质标准:一是据以圈定"责任刑"的定罪情节认定准确。由于定罪情节关乎认罪认罚个案法定刑范围的认定,因此,检察机关量刑建议中定罪情节的事实基础应达致"排除合理怀疑"这一证明标准,且定罪情节的法律适用应实现"指控的罪名准确"这一基本要求。也就

[①] See Frank O. Bowman, "Mr. Madison Meets a Time Machine: The Political Science of Federal Sentencing Reform", 58 *Stanford Law Review* (2005) 235, p. 247; Nancy Gertner, "Sentencing Reform When Everyone Behaves Badly", 57 *Maine Law Review* (2005) 569, p. 577.

[②] 汪贻飞:《中国式"量刑指南"能走多远——以美国联邦量刑指南的命运为参照的分析》,《政法论坛》2010 年第 6 期。

[③] 参见 [美] 约书亚·德雷斯勒、艾伦·C. 迈克尔斯《美国刑事诉讼法精解》（第二卷·刑事审判),魏晓娜译,北京大学出版社 2009 年版,第 336 页。

是说，对于无犯罪事实或者定罪证据薄弱的案件以及指控罪名有误的案件，人民法院不应采纳检察机关提出的量刑建议。二是据以划定"预防刑"的量刑情节认定适当。由于量刑情节涉及认罪认罚个案宣告刑节点的选择，因此，检察机关量刑建议中量刑情节的事实基础应达致"优势证据"这一证明标准，且量刑情节的法律适用应实现"量刑建议适当"这一基本要求。换言之，对无量刑事实或者量刑证据欠缺的案件以及逾越法定刑上限或下限裁量的案件，人民法院不应采纳检察机关提出的量刑建议。三是量刑建议的取证程序与协商程序合法、合规。侦查机关违反取证程序、检察机关违反协商程序形成的量刑建议，会直接损及被追诉人"认罚"的自愿性及"认罚"具结书的真实性，故人民法院有权拒绝采纳该量刑建议。需要说明的是，对于认罪认罚案件，不应将上诉率、抗诉率作为业绩考核标准，即人民法院不应仅仅因为被追诉人提起上诉或者检察机关提出抗诉，而对办案法官给予否定评价，以消除办案法官对认罪认罚案件中的量刑建议进行切实审查，并对明显不当的量刑建议不予采纳的现实顾虑。

第二，明确量刑建议的调整标准。明确认罪认罚案件量刑建议的调整标准，是人民法院对认罪认罚案件量刑建议进行审查的重要保障。结合2019年"两高三部"《指导意见》第四十一条的规定，人民法院告知人民检察院调整量刑建议的预设条件为，人民法院认为量刑建议"明显不当"，或者被追诉人对量刑建议有异议且"有理有据"；而人民法院自行调整量刑建议的基本前提是，人民检察院不调整量刑建议，或者调整后仍然"明显不当"。据此，一方面，应当明晰"明显不当"的实质内核。所谓量刑建议"明显不当"①，

---

① 相关司法人士指出，此处的明显不当，主要是指"刑罚的主刑选择错误，刑罚的档次、量刑幅度畸重或者畸轻，适用附加刑错误，适用缓刑错误等"。该论述对于指导司法实践具有重要意义，但其仅注重从实体层面解读"明显不当"的含义，忽视了从程序层面分析"明显不当"的价值。参见王爱立主编《中华人民共和国刑事诉讼法修改条文解读》，中国法制出版社2018年版，第145页。

是指严重违反比例原则或者严重违反量刑规则的情形,其包括实体与程序两层含义。在实体层面,量刑建议"明显不当"所指向的是,检察机关对被追诉人应获法定刑的基本区间认定有误,例如,本应在 3 至 10 年有期徒刑区间内确定法定刑,但检察机关却误将法定刑区间确定为 10 年以上有期徒刑;又或是,检察机关对被追诉人应获宣告刑的基本节点认定有误,例如,本应在 3 年至 10 年有期徒刑区间内确定宣告刑,但检察机关却突破 3 年有期徒刑的下限或者逾越 10 年有期徒刑的上限确定宣告刑。在程序层面,量刑建议"明显不当"所指向的是,量刑建议的形成程序存在重大瑕疵或缺陷,致使检察机关所作量刑建议的真实性遭受质疑。另一方面,应当厘清"有理有据"的基本内涵。所谓量刑异议"有理有据",又可细化为量刑异议"有理"与量刑异议"有据"两方面内容。其中,"有理"是指被追诉人在提出量刑异议时,不能仅笼统表示对量刑建议有异议,还应当清晰列举具体的异议理由。"有据"则是指被追诉人在提出量刑异议时,不能毫无根据、空穴来风,而应当提供一定的证据线索,但被追诉人所提证据线索无须达到最高的证明标准。

(二) 明晰量刑建议的审查程序

从认罪认罚从宽制度的实践现状来看,绝大多数认罪认罚案件中的被追诉人对于案件性质及指控罪名并不持有异议,而是将关注重点放置于对量刑情节及量刑结果的认定上。因此,虽然刑事庭审包括定罪与量刑两项核心议题,但是,认罪认罚从宽制度决定了一审庭审程序本身所欲解决的并非是定罪问题,而是量刑问题。[①] 也就是说,在一审庭审阶段,人民法院应当对认罪认罚案件中的量刑建议进行审查。而为了保障一审人民法院对认罪认罚案件量刑建议

---

① 参见王恩海《认罪认罚从宽制度之反思——兼论〈刑事诉讼法修正案(草案)〉相关条款》,《东方法学》2018 年第 5 期。

的审查落到实处，可以从两个方面着手建构量刑建议审查程序。

第一，保障辩护律师有效参与，巩固人民法院对认罪认罚案件量刑建议进行审查的前提。2019年"两高三部"《指导意见》第十三条规定，应当加强审判阶段与侦查阶段、审查起诉阶段值班律师的衔接。也就是说，对于认罪认罚的被追诉人，侦查阶段、审查起诉阶段的值班律师可以在审判阶段继续为犯罪嫌疑人、被告人提供法律帮助。在我国被追诉人委托辩护律师比例极低的情况下，合理建构值班律师机制对于保障审判环节控辩双方应诉能力的实质对等，进而促进人民法院对认罪认罚案件量刑建议的有效审查发挥着重要作用。具体而言，一方面，在一审审判阶段，应当提升认罪认罚案件中值班律师的出庭辩护比率。因为，在控辩双方就量刑问题予以交涉、沟通后，检察机关可能提出幅度刑量刑建议，或者虽然检察机关提出了精准化量刑建议，但在认罪认罚具结书签署后至法庭开庭审理前又会出现新的量刑证据，这便要求值班律师出庭参与量刑辩护，为认罪认罚的被追诉人争取更多的量刑利益。故此，对于无力委托辩护律师的被追诉人，一审人民法院应当告知法律援助机构指派审前阶段的值班律师为被追诉人继续提供法律帮助；而对于既无委托辩护律师又无指定值班律师的被追诉人，人民法院无权适用刑事简易程序和刑事速裁程序，否则将构成程序性违法，二审人民法院可以此为依据裁定撤销原判、发回重审。另一方面，在一审审判阶段，应当提高认罪认罚案件中值班律师的量刑辩护质量。对于人民法院以量刑建议"明显不当"为由建议公诉机关调整量刑建议的案件，应当充分保障值班律师的知情权与发表意见权，为值班律师实质参与提供前提。[①] 不仅如此，为了避免值班律师沦为量刑建议审查程序的消极见证人，可以尝试建构值班律师激励机制与

[①] 参见臧德胜《论认罪认罚案件中量刑建议的效力及在司法裁判中的运用——从两起认罪认罚抗诉案件的二审裁判展开》，《中国法律评论》2020年第2期。

考评机制，从而提高认罪认罚案件中值班律师的量刑辩护质量。在激励机制方面，应当根据各地区的经济发展情况，加大对法律援助机构的经费投入，提高值班律师的政策补贴收入，从而充分调动值班律师开展量刑辩护的积极性。在考评机制方面，应当建立值班律师量刑辩护评价机制，对业绩优良的值班律师予以物质奖励，对不称职的值班律师予以通报批评，以便反向督促值班律师认真履行量刑辩护职责。

第二，明晰量刑建议审查步骤，夯实人民法院对认罪认罚案件量刑建议进行审查的内核。结合2019年"两高三部"《指导意见》的相关规定，无论适用何种审理程序，一审人民法院对认罪认罚案件中的量刑建议进行审查时至少应遵循如下步骤：一是人民法院应当以书面罗列与口头阐释相结合的方式告知被追诉人享有的诉讼权利和认罪认罚的法律规定，以便充分保障被追诉人的知情权、加深被追诉人对认罪认罚从宽制度意义的理解。二是人民法院应当采用口头询问的方式审查量刑建议作出的合法性与合理性。首先，在一审庭审阶段，人民法院应当通过询问被追诉人，重点审查量刑建议形成时被追诉人的认知能力和协商能力，明晰认罪认罚案件量刑建议的合法性。也就是说，法院不仅应当审查被追诉人是否具备普通人的正常认知能力，还应审查被追诉人是否具备专业的法律认知能力；法院不仅应当审查被追诉人是否聘请了辩护律师，还应当审查被追诉人是否获得了有效法律帮助；法院不仅应当审查被追诉人是否受到侦查机关的威胁或胁迫，还应当审查被追诉人是否受到检察机关的引诱与压制。其次，在一审庭审阶段，人民法院应当通过询问被追诉人，审慎审查量刑建议据以作出的定罪事实和量刑事实及其法律适用，保障认罪认罚案件量刑建议的合理性。由于定罪事实关乎圈定责任刑范围，而量刑事实涉及确定预防刑幅度，二者相结合即构成了量刑建议作出的前提和关键。因此，人民法院应当严格审查涉及定罪、量刑的关键证据及其法律适用，为确证量刑建议的合理性奠定基础。需要说明的是，人民法院对认罪认罚案件量刑建议的审查节点应被严格限定在庭审阶段，也就是说，应当绝对禁止办案法官对认罪认罚案件中的量刑建议进行庭外审查，以防庭外暗箱操作、庭中流于形式的情况出现。三是对于争议较大的事实证据，人民法院既不可听之任之、消极作为，也不可直接采纳公检机关提供的证据材料，而应在必要时行使调查职权，防止因遗漏关键事实证据而错误地采纳检察机关所提的量刑建议，从而影响法院刑罚裁量的公正与合理。

（三）完善量刑裁判的说理机制

完善量刑裁判说理机制，旨在强化人民法院对认罪认罚案件量刑建议进行审查的制约。也就是说，建构认罪认罚案件量刑裁判说理机制，对于反向促进人民法院对认罪认罚案件中的量刑建议进行审查起着至关重要的作用。总的来说，无论是采纳检察机关的量刑建议，还是没有采纳检察机关的量刑建议，人民法院均应在判决书中阐明量刑裁判的理由。[①] 概括来说，一方面，应当清晰界定人民法院负有量刑裁判说理的职责。在认罪认罚案件判决书中，人民法院应当对人民检察院起诉书中列明的全部量刑情节、量刑诉求予以完整引用，并逐一表明是否采纳。对于采纳人民检察院量刑建议的，人民法院应当标明每项量刑情节对最终量刑结果的影响力；对于不采纳人民检察院量刑建议的，人民法院应当准确指出不予采纳的具体理由，即是对量刑情节的定性有疑问、还是对量刑情节的定量有异议，并在此基础上论证最终刑罚裁判的合理性。另一方面，应当明确规定人民法院怠于量刑裁判说理的后果。"由于论证理由属于程序法上的要求，法官在负有论证义务而未提供充分论证，或

[①] 参见孙长永《认罪认罚案件"量刑从宽"若干问题探讨》，《法律适用》2019 年第 13 期。

者论证存在明显矛盾时,属于程序违法"。① 据此,无论是否采纳检察机关量刑建议,只要人民法院不进行充分的量刑裁判说理,即将构成程序性违法,二审人民法院可以此为依据裁定撤销原判、发回重审。

二 二审程序中法院对量刑建议的审查

(一) 上诉权的有限赋予

对于是否应允许认罪认罚案件中的被追诉人针对"量刑问题"提起上诉,抑或是否应赋予认罪认罚案件中的被追诉人针对"量刑问题"以上诉权,不能一概而论,而应区别分析。

第一,不能"一刀切"地剥夺认罪认罚案件中被追诉人针对"量刑问题"的上诉权。从比较法的视角来看,在英美法系国家,通过辩诉交易作出有罪答辩的被追诉人原则上不得对"定罪问题"提起上诉,但可以对"量刑问题"提出上诉。② 在大陆法系国家及地区,为了防止被追诉人因受到外部压力认罪认罚,而非自愿认罪认罚,被追诉人在协商中不能放弃对"量刑问题"的上诉权。③ 具体到认罪认罚从宽制度中,由于实践中大量充斥着控辩双方违法达成量刑从宽协议,或者被追诉人被迫接受检察机关单方所作量刑建议的情形,因此,在一审阶段量刑建议审查程序基本流于形式的情况下,赋予认罪认罚案件中的被追诉人针对"量刑问题"的上诉权,是促使追诉人"认罚"的自愿性、真实性与合法性落到实处的重要保障。

第二,对于被追诉人因"量刑问题"提起的上诉,应当区分情

---

① 孙远:《"一般应当采纳"条款的立法失误及解释论应对》,《法学杂志》2020年第6期。
② 参见樊崇义、李思远《认罪认罚从宽程序中的三个问题》,《人民检察》2016年第8期。
③ 参见陈光中、马康《认罪认罚从宽制度若干重要问题探讨》,《法学》2016年第8期。

况、区别对待。需要说明的是，对于适用刑事普通程序和刑事简易程序审理的认罪认罚案件，应当继续沿用 2018 年《刑事诉讼法》第二百二十七条有关权利型上诉的规定。① 而此处"区分情况、区别对待"专门针对的是适用刑事速裁程序审理的认罪认罚案件。概括而言，实践中既存在被追诉人在一审阶段通过认罪认罚的方式换取从宽结果、尔后利用上诉审程序谋求二次利益的情形，也存在以"留在看守所服刑"为真实意图、继而利用上诉审程序拖延诉讼时间的情况。② 因此，对于被追诉人因"量刑问题"提起的上诉，二审人民法院应当认真审查上诉理由，并在保障被追诉人正当诉讼权利的同时，及时甄别与剔除部分被追诉人的不合理诉求。具体说来，一方面，针对认罪认罚案件中被追诉人提出的"非空白上诉"，二审人民法院原则上应当予以准许。一般而言，如果被追诉人以一审判决遗漏重要量刑情节、一审审理结束后出现新的量刑情节等理由提出上诉，二审人民法院经初步审查确认无误后，即应当及时开启二审审理程序。另一方面，针对认罪认罚案件中被追诉人提出的"空白上诉"，二审人民法院应当予以区分对待。对于量刑建议未被一审人民法院采纳（尤其是加重刑罚裁判）的上诉，二审人民法院原则上应当予以受理。因为，若一审人民法院对控辩双方协商一致的量刑建议予以否定，会直接损及被追诉人的预期量刑利益，并影响认罪认罚从宽制度的后续适用。与之相对，对于量刑建议已被一审人民法院采纳的上诉，二审人民法院原则上应不予以受理，因为实践中被追诉人多是出于侥幸心理、投机心理而对已采纳量刑建议

---

① 2018 年《中华人民共和国刑事诉讼法》第二百二十七条规定："被告人、自诉人和他们的法定代理人，不服地方各级人民法院第一审的判决、裁定，有权用书状或者口头向上一级人民法院上诉。被告人的辩护人和近亲属，经被告人同意，可以提出上诉。……对被告人的上诉权，不得以任何借口加以剥夺。"该条是有关权利型上诉的规定，即只要被追诉人对一审判决、裁定不服，就有权提起上诉，而无须任何理由。

② 相关实证调研数据，参见闵丰锦《认罪认罚何以上诉：以留所服刑为视角的实证考察》，《湖北社会科学》2019 年第 4 期。

的一审裁判提出上诉，由此会导致刑事司法资源的无端浪费，并阻碍认罪认罚案件诉讼效率的整体提升。但是，若二审人民法院经初步审查后发现，一审阶段存在事实认定错误、法律适用错误等实体违法情形，或者量刑建议的取证环节、协商环节、审查环节存在程序瑕疵，那么，二审人民法院应当启动二审审理程序。①

（二）审理方式的多样化

2016年"两高三部"《试点办法》第二十三条及2019年"两高三部"《指导意见》第四十五条均规定二审人民法院可以对被告人不服适用刑事速裁程序作出的第一审判决提出上诉的案件不开庭审理。然而，这种以效率为导向的"一刀切"的二审庭审建构方案"忽略了开庭审理是确保诉讼程序公正、公开，以及保障被告人一系列诉讼权利的前提"②。由此，二审人民法院对认罪认罚案件中量刑问题的审查方式不应仅局限于书面审理，而应呈现出多样化的特点。概括来说，第一，对于涉及量刑建议、量刑裁判据以作出的基础事实方面的争议或疑问，二审人民法院可以裁定撤销原判、发回重审，也可以开庭审理。无疑，量刑建议、量刑裁判据以作出的基础事实是认罪认罚案件公正处理的前提，当基础事实存在争议或疑问时，人民法院应当召集控辩双方，就争议事实展开问询、质证，以保证刑罚裁量的公正性与合理性。第二，对于涉及量刑建议、量刑裁判据以形成的法律适用方面的争议或疑问，二审人民法院原则上可以不开庭审理；但是，对于一审判决遗漏重要量刑情节、一审审理结束后出现新的量刑情节的情况，若被追诉人申请开庭审理，则二审人民法院应当开庭审理。第三，对于涉及量刑建议、量刑裁

---

① 与之相似，有学者将认罪认罚案件中被告人的上诉类型区分为"违约性上诉"和"救济性上诉"。参见谢登科《论认罪认罚案件被告人上诉权及其限定》，《暨南学报》（哲学社会科学版）2022年第5期。

② 孔令勇：《刑事速裁程序救济机制的反思与重构》，《安徽大学学报》（哲学社会科学版）2019年第2期。

判据以形成的程序适用方面的争议或疑问，二审人民法院原则上可以不开庭审理。

小结

认罪认罚案件量刑建议程序规则理性确立的另一重要维度在于，规范建构认罪认罚案件量刑建议的审查机制。强化审判阶段人民法院对认罪认罚案件量刑建议的审查，有助于巩固"以审判为中心"的改革成果。但是，从审判实践来看，人民法院存在一审程序审查失范、二审程序审查乏力等现实问题，认罪认罚案件量刑建议的审查机制陷入缺位状态。制度改革中的诸多机制性因素，以及"侦查中心主义""结果中心主义"等根本性因素，是造成量刑建议审查机制缺位的主要原因。由是，应当以"审判中心主义"与"过程中心主义"两大理念为指导，建构认罪认罚案件量刑建议的审查机制。对于一审认罪认罚案件，应当明确量刑建议的审查标准、明晰量刑建议的审查程序、完善量刑裁判的说理机制；对于二审认罪认罚案件，应当施行上诉权的有限赋予、保障审理方式的多样化。

参考文献

一 著作

（一）中文著作

白建军：《刑法规律与量刑实践：刑法现象的大样本考察》，北京大学出版社 2011 年版。

白云飞：《规范化量刑方法研究》，中国政法大学出版社 2015 年版。

蔡曦蕾：《量刑失衡：存在、归因与克服》，北京交通大学出版社 2019 年版。

陈光中主编：《辩诉交易在中国》，中国检察出版社 2003 年版。

陈光中主编：《公正审判与认罪协商》，法律出版社 2018 年版。

陈光中主编：《刑事诉讼法》，北京大学出版社 2016 年版。

陈岚：《量刑建议制度研究》，武汉大学出版社 2009 年版。

陈瑞华：《程序正义理论》，中国法制出版社 2010 年版。

陈瑞华：《刑事诉讼的中国模式》，法律出版社 2010 年版。

陈瑞华：《刑事审判原理论》，北京大学出版社 2003 年版。

陈瑞华：《刑事诉讼的前沿问题》，中国人民大学出版社 2016 年版。

陈卫东主编：《被告人认罪案件简化审理程序》，中国检察出版社 2004 年版。

陈兴良：《教义刑法学》，中国人民大学出版社 2010 年版。

储槐植：《刑事一体化》，法律出版社 2004 年版。

储槐植、江溯：《美国刑法》，北京大学出版社 2012 年版。

敦宁：《量刑情节适用的理论与实践》，中国人民大学出版社 2012 年版。

高铭暄、赵秉志：《犯罪总论比较研究》，北京大学出版社 2008 年版。

郝川：《中国量刑指导制度研究：以量刑指导意见为切入点》，人民出版社 2013 年版。

贺卫方：《司法的理念与制度》，中国政法大学出版社 1998 年版。

胡云腾主编：《认罪认罚从宽制度的理解与适用》，人民法院出版社 2018 年版。

季卫东：《法律程序的意义》，中国法制出版社 2012 年版。

姜涛：《认知量刑规范化》，中国检察出版社 2010 年版。

黎宏：《刑法总论问题思考》，中国人民大学出版社 2007 年版。

李冠煜：《量刑基准的研究——以责任和预防的关系为中心》，中国社会科学出版社 2014 年版。

李洁：《罪与刑立法规定模式》，北京大学出版社 2008 年版。

林钰雄：《刑事诉讼法》，中国人民大学出版社 2005 年版。

刘军：《罪刑均衡的理论基础与动态实现》，法律出版社 2018 年版。

马克昌：《近代西方刑法学说史略》，中国检察出版社 2004 年版。

马克昌主编：《刑罚通论》，武汉大学出版社 2011 年版。

马明亮：《协商性司法：一种新程序主义理念》，法律出版社 2007 年版。

苗生明主编：《认罪认罚从宽制度研究——以重罪案件为视角》，中国检察出版社 2019 年版。

闵春雷：《刑事诉讼证明基本范畴研究》，法律出版社 2011 年版。

潘申明等：《量刑建议前沿理论与实战技能》，中国检察出版社

2016 年版。

祁建建：《美国辩诉交易研究》，北京大学出版社 2007 年版。

任高潮、杜发全：《量刑建议的理论与实务——以宽严相济刑事政策为视角》，中国检察出版社 2009 年版。

宋英辉：《刑事诉讼原理》，法律出版社 2007 年版。

宋英辉、吴宏耀：《刑事审判前程序研究》，中国政法大学出版社 2002 年版。

苏力：《法治及其本土资源》，北京大学出版社 2015 年版。

苏力：《送法下乡：中国基层司法制度研究》，北京大学出版社 2011 年版。

孙笑侠：《程序的法理》，社会科学文献出版社 2017 年版。

孙正聿：《哲学通论》，复旦大学出版社 2012 年版。

锁正杰：《刑事程序的法哲学原理》，中国人民公安大学出版社 2002 年版。

汪海燕：《刑事诉讼模式的演进》，中国人民公安大学出版社 2004 年版。

汪贻飞：《量刑程序研究》，北京大学出版社 2016 年版。

王爱立主编：《中华人民共和国刑事诉讼法修改条文解读》，中国法制出版社 2018 年版。

王瑞君：《量刑情节的规范化识别和适用研究》，知识产权出版社 2016 年版。

魏晓娜：《背叛程序正义：协商性刑事司法研究》，法律出版社 2014 年版。

熊选国主编：《〈人民法院量刑指导意见〉与"两高三部"〈关于规范量刑程序若干问题的意见〉理解与适用》，法律出版社 2010 年版。

许玉秀：《当代刑法思潮》，中国民主法制出版社 2005 年版。

叶旺春：《量刑监督体系构建》，法律出版社2012年版。

臧冬斌：《量刑自由裁量权制度研究》，法律出版社2014年版。

张国轩：《检察机关量刑建议问题研究》，中国人民公安大学出版社2010年版。

张明楷：《外国刑法纲要》，清华大学出版社2007年版。

张明楷：《刑法分则的解释原理》（上），中国人民大学出版社2011年版。

张明楷：《刑法分则的解释原理》（下），中国人民大学出版社2011年版。

张明楷：《刑法学》，法律出版社2011年版。

张文显：《二十世纪西方法哲学思潮研究》，法律出版社2006年版。

张文显：《法哲学范畴研究》，中国政法大学出版社2001年版。

张智辉主编：《辩诉交易制度比较研究》，中国方正出版社2009年版。

赵廷光：《量刑标尺论》，武汉大学出版社2015年版。

赵廷光：《量刑公正实证研究》，武汉大学出版社2005年版。

赵廷光：《中国量刑改革之路》，武汉大学出版社2014年版。

郑成良：《法律之内的正义：一个关于司法公正的法律实证主义解读》，法律出版社2002年版。

（二）中文译著

［德］哈贝马斯：《在事实与规范之间：关于法律和民主法治国的商谈理论》，童世骏译，生活·读书·新知三联书店2003年版。

［德］克劳斯·罗克辛：《德国刑法学总论》，王世洲译，法律出版社2005年版。

［德］克劳斯·罗科信：《刑事诉讼法》，吴丽琪译，法律出版社2003年版。

［德］托马斯·魏根特：《德国刑事诉讼程序》，岳礼玲、温小洁

译,中国政法大学出版社2004年版。

［法］孟德斯鸠:《论法的精神》(上册),张雁深译,商务印书馆1961年版。

［美］爱德华·S. 考文:《司法审查的起源》,徐爽编,北京大学出版社2015年版。

［美］博登海默:《法理学:法律哲学与法律方法》,邓正来译,中国政法大学出版社2017年版。

［美］本杰明·卡多佐:《司法过程的性质》,苏力译,商务印书馆1997年版。

［美］理查德·A. 波斯纳:《法律的经济学分析》,蒋兆康译,中国大百科全书出版社1997年版。

［美］肯尼斯·卡尔普·戴维斯:《裁量正义》,毕洪海译,商务印书馆2009年版。

［美］兰博约:《对抗式刑事审判的起源》,王志强译,复旦大学出版社2010年版。

［美］米尔伊安·R.达玛什卡:《司法和国家权力的多种面孔——比较视野中的法律程序》,郑戈译,中国政法大学出版社2004年版。

［美］迈克尔·D. 贝勒斯:《程序正义——向个人的分配》,邓海平译,高等教育出版社2005年版。

［美］乔治·费希尔:《辩诉交易的胜利——美国辩诉交易史》,郭志媛译,中国政法大学出版社2012年版。

［美］约翰·罗尔斯:《正义论》,何怀宏等译,中国社会科学出版社1998年版。

［美］约书亚·德雷斯勒、艾伦·C. 迈克尔斯:《美国刑事诉讼法精解》(第二卷·刑事审判),魏晓娜译,北京大学出版社2009年版。

〔日〕城下裕二：《量刑理论的现代课题》，黎其武、赵姗姗译，法律出版社 2016 年版。

〔日〕大谷实：《刑法讲义总论》，黎宏译，中国人民大学出版社 2008 年版。

〔日〕大谷实：《刑事政策学》，黎宏译，中国人民大学出版社 2009 年版。

〔日〕谷口安平：《程序的正义与诉讼》，王亚新、刘荣军译，中国政法大学出版社 2002 年版。

〔日〕田口守一：《刑事诉讼的目的》，张凌、于秀峰译，中国政法大学出版社 2011 年版。

〔日〕田口守一：《刑事诉讼法》，张凌、于秀峰译，法律出版社 2010 年版。

〔意〕切萨雷·贝卡利亚：《论犯罪与刑罚》，黄风译，中国法制出版社 2003 年版。

〔意〕杜里奥·帕多瓦尼：《意大利刑法学原理》，陈忠林译，中国人民大学出版社 2004 年版。

〔英〕丹宁勋爵：《法律的正当程序》，李克强、杨百揆、刘庸安译，法律出版社 2015 年版。

（三）外文著作

Regina Rauxloh, *Plea Bargaining in National and International Law：A Comparative Study*, New York：Routledge Press, 2012.

Kate Stith, Jose A. Cabranes, *Fear of Judging：Sentencing Guidelines in the Federal Courts*, Chicago：University of Chicago Press, 1998.

Vanessa A. Edkins, Allison D. Redlich, *A System of Pleas*, New York：Oxford University Press, 2019.

Willim F. McDonald, *Plea Bargaining：Critical Issues and Common Practices*, Ann Arbor：University of Michigan Library Press, 1985.

二 期刊

（一）中文期刊

卞建林、谢澍：《认罪认罚从宽与台湾地区刑事协商之比较研究》，《法学杂志》2018 年第 5 期。

步洋洋：《论认罪认罚具结书的笔录性质及司法适用》，《证据科学》2022 年第 1 期。

柴晓宇：《认罪协商中的信息偏在与法律矫正》，《政法论坛》2022 年第 2 期。

陈光中、马康：《认罪认罚从宽制度若干重要问题探讨》，《法学》2016 年第 8 期。

陈国庆：《量刑建议的若干问题》，《中国刑事法杂志》2019 年第 5 期。

陈瑞华：《"认罪认罚从宽"改革的理论反思——基于刑事速裁程序运行经验的考察》，《当代法学》2016 年第 4 期。

陈瑞华：《刑事诉讼的公力合作模式——量刑协商制度在中国的兴起》，《法学论坛》2019 年第 4 期。

陈实：《论认罪认罚案件量刑从宽的刑事一体化实现》，《法学家》2021 年第 5 期。

陈卫东：《认罪认罚案件量刑建议研究》，《法学研究》2020 年第 5 期。

陈卫东：《认罪认罚从宽制度研究》，《中国法学》2016 年第 2 期。

陈卫东、张月满：《对抗式诉讼模式研究》，《中国法学》2009 年第 5 期。

陈兴良：《刑法的刑事政策化及其限度》，《华东政法大学学报》2013 年第 4 期。

褚福民：《认罪认罚从宽与"以审判为中心"关系的理论反思》，

《苏州大学学报》（哲学社会科学版）2020 年第 5 期。

董桂武：《论刑罚目的对量刑情节适用的影响》，《法学论坛》2018 年第 6 期。

董坤：《规范定位下量刑建议的运行机理及其完善》，《内蒙古社会科学》（汉文版）2012 年第 3 期。

杜磊：《认罪认罚从宽制度适用中的职权性逻辑和协商性逻辑》，《中国法学》2020 年第 4 期。

樊崇义：《认罪认罚从宽协商程序的独立地位与保障机制》，《国家检察官学院学报》2018 年第 1 期。

樊崇义：《刑事诉讼模式的转型——评〈关于适用认罪认罚从宽制度的指导意见〉》，《中国法律评论》2019 年第 6 期。

樊崇义：《值班律师制度的本土叙事：回顾、定位与完善》，《法学杂志》2018 年第 9 期。

樊崇义、杜邈：《检察量刑建议程序之建构》，《国家检察官学院学报》2009 年第 5 期。

樊崇义、李思远：《认罪认罚从宽制度的理论反思与改革前瞻》，《华东政法大学学报》2017 年第 4 期。

付磊：《量刑建议改革的回顾及展望》，《国家检察官学院学报》2012 年第 5 期。

高一飞：《名称之辩：将值班律师改名为值班辩护人的立法建议》，《四川大学学报》（哲学社会科学）2019 年第 4 期。

顾永忠：《关于"完善认罪认罚从宽制度"的几个理论问题》，《当代法学》2016 年第 6 期。

顾永忠：《追根溯源：再论值班律师的应然定位》，《法学杂志》2018 年第 9 期。

顾永忠、肖沛权：《"完善认罪认罚从宽制度"的亲历观察与思考、建议——基于福清市等地刑事速裁程序中认罪认罚从宽制度的调研》,《法治研究》2017 年第 1 期。

郭烁:《层级性:认罪认罚制度的另一个侧面》,《河南大学学报》(社会科学版) 2018 年第 2 期。

胡铭:《认罪认罚案件中的量刑协商和量刑建议》,《当代法学》2022 年第 2 期。

黄京平:《认罪认罚从宽制度的若干实体法问题》,《中国法学》2017 年第 5 期。

季美君:《量刑建议权制度与刑事司法公正》,《法学家》2004 年第 3 期。

冀祥德:《构建中国的量刑建议权制度》,《法商研究》2005 年第 4 期。

冀祥德:《量刑建议权的理论基础与价值基础》,《烟台大学学报》(哲学社会科学版) 2004 年第 3 期。

贾志强:《"书面审"抑或"开庭审":我国刑事速裁程序审理方式探究》,《华东政法大学学报》2018 年第 4 期。

贾志强:《回归法律规范:刑事值班律师制度适用问题再反思》,《法学研究》2022 年第 1 期。

姜涛:《量刑建议制度研究》,《甘肃政法学院学报》2009 年第 5 期。

柯葛壮、魏韧思:《量刑建议的实践困境与解决路径》,《政治与法律》2009 年第 9 期。

孔令勇:《刑事速裁程序救济机制的反思与重构》,《安徽大学学报》(哲学社会科学版) 2019 年第 2 期。

劳东燕:《罪刑规范的刑事政策分析——一个规范刑法学意义上的解读》,《中国法学》2011 年第 1 期。

李奋飞:《论"交涉性辩护"——以认罪认罚从宽作为切入镜像》,《法学论坛》2019 年第 4 期。

李奋飞：《论"确认式庭审"——以认罪认罚从宽制度的入法为契机》，《国家检察官学院学报》2020年第3期。

李立丰：《"认罪认罚从宽"之应然向度：制度创新还是制度重述》，《探索与争鸣》2016年第12期。

李懿艺：《论认罪认罚案件中量刑建议的约束力》，《政法学刊》2018年第2期。

李振杰：《困境与出路：认罪认罚从宽制度下的量刑建议精准化》，《华东政法大学学报》2021年第1期。

梁根林：《现代法治语境中的刑事政策》，《国家检察官学院学报》2008年第4期。

林喜芬：《论量刑建议的运行原理与实践疑难破解——基于公诉精密化的本土考察》，《法律科学》2011年第1期。

刘泊宁：《我国控辩协商程序的规范进路：以认罪认罚案件为视角》，《法学》2022年第2期。

刘方权：《认罪认罚从宽制度的建设路径——基于刑事速裁程序试点经验的研究》，《中国刑事法杂志》2017年第3期。

刘宁、史栋梁：《量刑建议制度研究：现实与未来——一个实证角度的研究》，《北方法学》2012年第6期。

刘伟琦：《认罪认罚的"321"阶梯式从宽量刑机制》，《湖北社会科学》2018年第12期。

龙宗智：《完善认罪认罚从宽制度的关键是控辩平衡》，《环球法律评论》2020年第2期。

卢建平：《刑事政策视野中的认罪认罚从宽》，《中外法学》2017年第4期。

卢乐云、曾亚：《认罪协商机制中的法官职权——基于C市认罪认罚从宽制度试点实践的考察》，《广东社会科学》2018年第6期。

马静华、李科：《新刑事诉讼法背景下认罪认罚从宽的程序模式》，

《四川大学学报》（哲学社会科学版）2019年第2期。

闵春雷：《回归权利：认罪认罚从宽制度的适用困境及理论反思》，《法学杂志》2019年第12期。

闵春雷：《认罪认罚案件中的有效辩护》，《当代法学》2017年第4期。

闵春雷：《认罪认罚从宽制度中的程序简化》，《苏州大学学报》（哲学社会科学版）2017年第2期。

牟绿叶：《认罪认罚案件的二审程序——从上诉许可制展开的分析》，《中国刑事法杂志》2019年第3期。

潘申明、周静：《论量刑建议的运行机制》，《华东政法大学学报》2009年第5期。

庞良程：《量刑建议制度可行性研究》，《国家检察官学院学报》2002年第4期。

秦宗文：《认罪认罚从宽制度实施疑难问题研究》，《中国刑事法杂志》2017年第3期。

宋善铭：《认罪认罚从宽案件中法官作用的实证研究》，《法律适用》2019年第13期。

苏镜祥：《量刑建议实证分析——以检察机关量刑建议的采纳率为对象》，《政治与法律》2013年第2期。

孙长永：《认罪认罚案件"量刑从宽"若干问题探讨》，《法律适用》2019年第13期。

孙长永：《认罪认罚从宽制度的基本内涵》，《中国法学》2019年第3期。

孙长永、田文军：《认罪认罚案件量刑建议机制实证研究——以A市两级法院适用认罪认罚从宽制度审结的案件为样本》，《西南政法大学学报》2021年第5期。

孙皓：《量刑建议的"高采纳率"误区》，《中外法学》2021年第

6 期。

谭世贵:《论刑事诉讼模式及其中国转型》,《法制与社会发展》2016 年第 3 期。

谭世贵:《实体法与程序法双重视角下的认罪认罚从宽制度研究》,《法学杂志》2016 年第 8 期。

汪海燕:《认罪认罚从宽制度中的检察机关主导责任》,《中国刑事法杂志》2019 年第 6 期。

汪海燕:《三重悖离:认罪认罚从宽程序中值班律师制度的困境》,《法学杂志》2019 年第 12 期。

汪海燕、付奇艺:《认罪认罚从宽制度的理论研究》,《人民检察》2016 年第 15 期。

王恩海:《认罪认罚从宽制度之反思——兼论〈刑事诉讼法修正案(草案)〉相关条款》,《东方法学》2018 年第 5 期。

王芳、甘叠、刘念:《认罪认罚量刑从宽实效研究——基于故意伤害罪轻罪的数据解读》,《山东大学学报》(哲学社会科学版)2022 年第 3 期。

王飞:《论认罪认罚协商机制的构建——对认罪认罚从宽制度试点中的问题的检讨与反思》,《政治与法律》2018 年第 9 期。

王刚:《认罪认罚案件量刑建议规范化研究》,《环球法律评论》2021 年第 2 期。

王军、吕卫华:《关于量刑建议的若干问题》,《国家检察官学院学报》2009 年第 5 期。

王敏远:《认罪认罚从宽制度疑难问题研究》,《中国法学》2017 年第 1 期。

王庆刚:《认罪认罚从宽的制度属性与司法适用——综合制度属性视野下对"从宽"的理解与适用》,《法律适用》2019 年第 13 期。

王瑞君：《"认罪从宽"实体法视角的解读及司法适用研究》，《政治与法律》2016年第5期。

王迎龙：《认罪认罚从宽制度中的控审构造》，《中国刑事法杂志》2021年第6期。

王志刚：《量刑建议制度全面推行的障碍及其破解》，《中国刑事法杂志》2009年第5期。

魏东、李红：《认罪认罚从宽制度的检讨与完善》，《法治研究》2017年第1期。

魏晓娜：《结构视角下的认罪认罚从宽制度》，《法学家》2019年第2期。

魏晓娜：《认罪认罚从宽制度中的诉辩关系》，《中国刑事法杂志》2021年第6期。

魏晓娜：《完善认罪认罚从宽制度：中国语境下的关键词展开》，《法学研究》2016年第4期。

吴冬、张东武、吴海伦：《认罪认罚从宽制度改革中量刑建议研究》，《人民检察》2017年第17期。

吴飞飞：《量刑建议功能的反思及其实现》，《中国刑事法杂志》2011年第12期。

吴宏耀：《认罪认罚从宽制度的体系化解读》，《当代法学》2020年第4期。

吴宏耀：《我国值班律师制度的法律定位及其制度构建》，《法学杂志》2018年第9期。

吴思远：《反思认罪认罚从宽的路径依赖》，《华东政法大学学报》2021年第4期。

吴思远：《论协商性司法的价值立场》，《当代法学》2018年第2期。

向燕：《我国认罪认罚从宽制度的两难困境及其破解》，《法制与社会发展》2018 年第 4 期。

谢登科：《论认罪认罚案件被告人上诉权及其限定》，《暨南学报》（哲学社会科学版）2022 年第 5 期。

熊秋红：《"两种刑事诉讼程序"中的有效辩护》，《法律适用》2018 年第 3 期。

熊秋红：《认罪认罚从宽的理论审视与制度完善》，《法学》2016 年第 10 期。

熊秋红：《刑事庭审实质化与审判方式改革》，《比较法研究》2016 年第 5 期。

徐汉明、胡光阳：《我国建立量刑建议制度的基本构想》，《华中科技大学学报》2008 年第 5 期。

闫召华：《"一般应当采纳"条款适用中的"检""法"冲突及其化解——基于对〈刑事诉讼法〉第 201 条的规范分析》，《环球法律评论》2020 年第 5 期。

闫召华：《论认罪认罚案件量刑建议的裁判制约力》，《中国刑事法杂志》2020 年第 1 期。

闫召华：《听取意见式司法的理性建构——以认罪认罚从宽制度为中心》，《法制与社会发展》2019 年第 4 期。

杨立新：《认罪认罚从宽制度理解与适用》，《国家检察官学院学报》2019 年第 1 期。

杨宇冠、王洋：《认罪认罚案件量刑建议问题研究》，《浙江工商大学学报》2019 年第 6 期。

叶青：《程序正义视角下认罪认罚从宽制度中的检察机关沟通之维》，《政治与法律》2021 年第 12 期。

叶青、吴思远：《认罪认罚从宽制度的逻辑展开》，《国家检察官学院学报》2017 年第 1 期。

俞波涛、周少华：《刑罚正当化语境下的认罪协商》，《国家检察官学院学报》2013年第3期。

臧德胜：《论认罪认罚案件中量刑建议的效力及在司法裁判中的运用——从两起认罪认罚抗诉案件的二审裁判展开》，《中国法律评论》2020年第2期。

曾亚：《认罪认罚从宽制度中的控辩平衡问题研究》，《中国刑事法杂志》2018年第3期。

张国轩：《"认罚从宽"的认定和实现方式》，《国家检察官学院学报》2018年第5期。

张国轩：《量刑建议与量刑规范化互动关系研究》，《人民检察》2015年第21期。

张建伟：《检察机关主导作用论》，《中国刑事法杂志》2019年第6期。

张建伟：《认罪认罚从宽处理：内涵解读与技术分析》，《法律适用》2016年第11期。

张建伟：《认罪认罚从宽处理：中国式辩诉交易？》，《探索与争鸣》2017年第1期。

张明楷：《犯罪常态与量刑起点》，《法学评论》2015年第2期。

张明楷：《论犯罪后的态度对量刑的影响》，《法学杂志》2015年第2期。

张泽涛：《值班律师制度的源流、现状及其分歧澄清》，《法学评论》2018年第3期。

赵恒：《"认罪认罚从宽"内涵再辨析》，《法学评论》2019年第4期。

赵恒：《论从宽处理的三种模式》，《现代法学》2017年第5期。

赵恒：《论量刑从宽——围绕认罪认罚从宽制度的分析》，《中国刑事法杂志》2018年第9期。

周光权：《论刑法与认罪认罚从宽制度的衔接》，《清华法学》2019年第3期。

周新：《法院审理认罪认罚案件疑难问题研究》，《法学论坛》2022年第1期。

周新：《论从宽处理的基本原则及其类型——基于刑事速裁程序试点的分析》，《政治与法律》2017年第1期。

周新：《论从宽的幅度》，《法学杂志》2018年第1期。

周新：《论认罪认罚案件救济程序的改造模式》，《法学评论》2019年第6期。

周新：《认罪认罚案件中量刑从宽的实践性反思》，《法学》2019年第6期。

周新：《认罪认罚从宽制度试点的实践性反思》，《当代法学》2018年第2期。

朱孝清：《认罪认罚从宽制度的几个问题》，《法治研究》2016年第5期。

左卫民：《认罪认罚何以从宽：误区与正解——反思效率优先的改革主张》，《法学研究》2017年第3期。

左卫民：《中国刑事诉讼模式的本土建构》，《法学研究》2009年第2期。

（二）外文期刊

Frank O. Bowman, "Mr. Madison Meets a Time Machine: The Political Science of Federal Sentencing Reform", 58 *Stanford Law Review* (2005) 235.

Jenia I. Turner, "Plea Bargaining and Disclosure in Germany and the United States: Comparative Lessons", 57 *William & Mary Law Review* (2016) 1549.

William T. Pizzi, "Victims Rights: Rethinking Our Adversary System", 2 *Utah Law Review* (1999) 349.

Marc L. Miller, "Domination & Dissatisfaction: Prosecutors as Sentencers", 56 *Stanford Law Review* (2004) 1211.

Nancy Gertner, "Sentencing Reform When Everyone Behaves Badly", 57 *Maine Law Review* (2005) 569.

Steven Schmidt, "The Need for Review: Allowing Defendants to Appeal the Factual Basis of a Conviction after Pleading Guilty", 95 *Minnesota Law Review* (2010) 284.

Albert W. Alschuler, "The Trial Judge's Role in Plea Bargaining", 76*Columbia Law Review* (1076) 1059.

Mary E. Vogel, "The Social Origins of Plea Bargaining: Conflict and the Law in the Process of State Formation", 33 *Law & Society Review* (1999) 161.

三 报刊

曹坚:《认罪认罚从宽与刑事辩护的诉讼合意》,《检察日报》2019年12月17日第3版。

樊崇义:《关于认罪认罚中量刑建议的几个问题》,《检察日报》2019年7月15日第2版。

樊崇义:《理性认识"认罪认罚从宽"》,《检察日报》2019年2月16日第3版。

高铭暄:《对艾文礼适用认罪认罚从宽体现的法治正能量》,《人民法院报》2019年4月19日第3版。

缐杰、高翼飞:《认罪认罚从宽应贯彻客观公正义务》,《检察日报》2019年11月12日第3版。

顾永忠、韩笑:《检察机关贯彻认罪认罚从宽具有"地缘优势"》,《检察日报》2019年1月20日第3版。

胡云腾:《正确把握认罪认罚从宽 保证严格公正高效司法》,《人民法院报》2019年10月24日第5版。

贾宇：《认罪认罚从宽制度凸显三大价值功效》，《检察日报》2020年2月26日第9版。

李立峰、闵丰锦：《"认罪认罚"应视为独立的量刑情节》，《检察日报》2019年5月21日第3版。

李勇：《量刑建议"精准化"的原理与路径》，《检察日报》2019年9月17日第3版。

李勇：《凝聚共识推进认罪认罚从宽制度有效实施》，《检察日报》2019年11月20日第3版。

刘卉：《在落实认罪认罚从宽制度中承担好检察主导责任》，《检察日报》2019年4月22日第3版。

刘宪权、林雨佳：《如何在认罪认罚从宽制度中实现科学量刑》，《检察日报》2019年6月19日第3版。

骆锦勇：《认罪认罚案件的上诉和抗诉问题》，《人民法院报》2019年8月8日第6版。

骆锦勇：《严格适用认罪认罚从宽制度》，《人民法院报》2019年11月19日第2版。

沈亮：《凝聚共识 推进认罪认罚从宽制度深入有效实施》，《人民法院报》2021年7月22日第5版。

王春、叶景：《"镜头下办案"成认罪认罚案件办理常态》，《法治日报》2021年11月11日第3版。

王丹：《重罪案件适用认罪认罚从宽制度亟待探索》，《江苏法制报》2019年7月8日第C版。

王祺国：《在执行"认罪认罚从宽"中发挥检察主导作用》，《检察日报》2019年4月23日第3版。

王迎龙：《认罪认罚从宽制度下轻罪冤假错案的防范》，《人民法院报》2019年2月14日第6版。

吴宏耀：《凝聚控辩审共识 优化量刑建议质量》，《检察日报》2019

年 6 月 10 日第 3 版。

肖中华:《认罪认罚从宽适用三题》,《检察日报》2019 年 2 月 2 日第 3 版。

徐日丹:《认罪认罚从宽,减少对立增进和谐》,《检察日报》2022 年 2 月 10 日第 1 版。

杨先德:《认罪认罚从宽量刑建议精准化的域外启示》,《检察日报》2019 年 7 月 16 日第 3 版。

张军:《认罪认罚从宽:刑事司法与犯罪治理"中国方案"》,《检察日报》2020 年 11 月 6 日第 1 版。

赵玉军、张倩:《认罪认罚从宽认定中的三个误区》,《人民法院报》2019 年 11 月 21 日第 6 版。

周蔚:《让每一个认罪认罚案件经得住考验》,《检察日报》2021 年 12 月 27 日第 5 版。

朱孝清:《检察机关在认罪认罚从宽制度中的地位和作用》,《检察日报》2019 年 5 月 13 日第 3 版。

朱孝清:《认罪认罚从宽制度对检察机关和检察制度的影响》,《检察日报》2019 年 5 月 28 日第 3 版。

朱孝清:《认罪认罚从宽制度中的"主导"与"中心"》,《检察日报》2019 年 6 月 5 日第 3 版。

四 学位论文

郭磊:《量刑情节适用研究》,博士学位论文,吉林大学,2011 年。

李晓丽:《程序法视野下的认罪制度研究》,博士学位论文,中国社会科学院大学,2017 年。

孟融:《改革开放以来中国法院执行公共政策的实践与逻辑》,博士学位论文,吉林大学,2019 年。

谢登科:《认罪案件诉讼程序研究》,博士学位论文,吉林大学,

2013年。

叶三方:《量刑适当实证研究——以相对性为视角》,博士学位论文,武汉大学,2014年。

张国轩:《检察机关量刑建议问题研究》,博士学位论文,中国政法大学,2009年。

后　　记

　　2017年初秋,我进入吉林大学司法文明协同创新中心攻读博士学位。于我而言,从硕士阶段到博士阶段,不单意味着研究内容的深入与细化,更意味着研究领域的转型与更新。如何从刑事实体法研究转向刑事程序法研究,抑或实现二者的一体化研究,是当时我需要直面的问题。恰逢2016年全国人大常委会授权"两高三部"开展认罪认罚从宽制度试点改革,作为一项有别于传统"对抗式"司法模式的新型"合作式"司法模式的代表成果,认罪认罚从宽制度自成一套制度体系,而围绕这一制度体系又衍生出了诸多理论问题,其中既包括刑事实体法问题,也包括刑事程序法问题。于是,在我的导师闵春雷教授的指导与鼓励下,我开始着手认罪认罚从宽制度的研究,关注并思考制度改革中存在的问题。

　　起初,受到孟融博士的启发,并基于对交叉理论研究的兴趣,我尝试对认罪认罚从宽制度的基础问题即"认罪认罚"量刑情节的内涵进行模式化研究,通过论文写作与多轮修改形成了《论认罪认罚量刑情节适用的均衡模式——基于"刑事一体化"视角的分析》一文。随后,在大量阅读文献资料的基础上,我开始从政策与法律之间关系的角度研究认罪认罚从宽制度的建构与边界问题,并形成了《认罪认罚从宽制度如何刑事政策化——基于宽严相济刑事政策之"宽缓"面向的考察与反思》一文。随着理论研究的推进与博士学位论文写作的临近，我意识到从纷繁复杂的问题中提炼核心理论主线的重要性，闵春雷教授结合我硕士阶段刑法学专业学习的经历，建议我从"量刑建议权"这一兼具实体与程序的核心问题出发探讨认罪认罚从宽制度实施中的问题。闵春雷教授的点拨使我豁然开朗，我开始着手博士学位论文的写作，博士学位论文的完成为本书的出版奠定了基础。

在我看来，量刑建议是认罪认罚从宽制度建构中的一项核心议题，也是检察机关推动认罪认罚从宽制度实施的重要抓手。从表面上看，认罪认罚案件中的量刑建议联结着被追诉人的认罚意愿与人民法院的刑罚裁判；从实质出发，认罪认罚案件量刑建议的作出暗含着控辩关系、控审关系的变化与发展。不仅如此，认罪认罚从宽制度中量刑建议的本质在于"量刑从宽"，要研究"量刑从宽"，就无法绕开从宽的条件、从宽的幅度、从宽的效力等焦点问题，而这又与罪责刑相适应原则、刑罚目的与规律等刑事实体法理论密不可分。本书正是对上述问题进行初步思考的总结，旨在探讨认罪认罚案件中检察机关行使量刑建议权的规范路径与理想图景，当然还有很多问题留待进一步的研究。

在本书写作与出版的过程中，我受益于许多人的帮助。特别感谢恩师闵春雷教授长久以来对我的悉心指导与全力支持，恩师所秉持的严谨的治学态度与高尚的人生品格深深影响着我，并将成为我一生的典范。感谢我的爱人孟融博士一路以来对我的陪伴与支持，博士三年、工作三年，期间既饱含欢乐，又历经艰辛、时有迷惘，孟融博士始终相伴左右，与我携手克服重重困难，见证我的成长。感恩父母数十载如一日的默默付出，从咿呀学语到博士毕业，父母给予我全力的爱护与最大的支持，相信本书的出版是献给父母的一份特别礼物。另外，感谢长春理工大学张闯教授对本书出版的大力帮助，以及中国社会科学出版社编辑许琳老师在出版过程中付出的辛劳！

  感谢所有关心和帮助我的家人、老师和朋友！心怀感恩，继续前行。

刘茵琪

2023 年 4 月 23 日于北国春城·长春